子どもの育ちを支える

〜子育てが家族の幸せとなるために

目　次

生命力の消耗を最小にするよう、生活過程を整える

子どもが健康に育つために

子どもは未来――。未来ある子どもたちに穏やかで笑顔いっぱいの育ちを保障し、希望に満ちた社会をつくること、これが私の子育て支援活動の原点です。

子育てとは、考える間もなく日々繰り返される生活そのものです。まさしく「待った」が利かないため、子どもが成長した後に気付くことや、時には胸をなでおろしたり後悔したりすることがたくさんあります。

子どもが健康に発育する最良の条件は、活き活きとした家族の関係性が維持された明るい家庭のなかで、愛情をいっぱい注がれながら育てられることであることは言うまでもありません。しかし、今の社会においては、残念ながらすべての子どもにそのような育ちの環境が保障されているわけではありません。

むしろ、様々な困難を抱える子どもが増えている現状があり、平均的と思われる家庭で育つ子どもでさえ、健やかな育ちが奪われる要因が溢れています。家庭環境の格差が広がっていくなかで、支えが必要な子どもは街のいたるところにいます。

F・ナイチンゲールの言葉

私の専門分野である看護学の基本は、すべての人々が〈生命力の消耗を最小にするよう生活過程を整えつつ生きる〉ことを目指しています。これは、看護の道を拓いたF・ナイチンゲールが著作のなかで提唱した看護の定義です。彼女は「看護とは、患者の生命力の消耗を最小にするよう、すべてを整えること」と言いました。この「すべてを整える」とは、「新鮮な空気、明るさ、暖かさ、清潔さ、静けさ、食事」などと示しています。これらはすべての人間の生活に共通に含まれる要素です（『科学的看護論』薄井坦子、20〜23頁）。

私は、このことは、現代の子どもの育ちにも、見事に当てはまることだと思っています。

「生活過程を整える」の意味

生命力とは文字どおり〈生きる力〉です。人間の一生において、子どもの生命力は生まれたときには小さくとも、成長とともに大きくなります。そして、やがて年老いてくると生命力はまた小さくなって死を迎えます。

この生命力は病気によっても低下させられることがあります。しかし、病気によって生命力の脅かしがあっても、食事を整え、十分に休息を取り、身体を清潔に保つなど生活過程を整えることで、生命力の消耗を最小にすることはできるのです。

生活のなかで病気を予防して健康に生きることは誰もが願うことですが、病気以外にも生命力を消耗させることがあります。特に現代社会においては、ストレス、肥満、喫煙など健康を脅かすことは多くありますが、生活を整えることで予防したり、改善したりできるのです。

また、Ｆ・ナイチンゲールは〈すべての幼児、すべての人々に健康を！〉と願っています。私は、〈すべての子どもに健康を！〉を原点に据えて活動してきました。子どもが健康であることは、家族の健康につながり、そして、社会の願いでもあると考えるからです。

ナースの活動

ナース(nurse)は、看護師、看護人と訳されることが一般的ですが、他にも保育士、育児婦という意味もあります。動詞のナーシング(nursing)は看病する、子守りする・世話をする、愛撫する、才能を伸ばすとなります。

多くの人にとって、ナース(看護師)のイメージは病院で医師の治療を手助けして、熱を測ったり、薬を与えたりする人を思い浮かべると思います。しかし、看護の仕事はそれにとどまらず、病人の治療を受けながらの生活を、よい状態に保つという大きな仕事があります。そして、健康、不健康に限らず、すべての子どもも看護の対象とします。つまりナース(nurse)とは、〈子どもを健康に育む〉活動なのです。

子どもの生活は、自立するまでは親の営みのなかにあり、その生活は子どもの発育に大きな影響を与えます。子どもの24時間の生活を支える家族とともに、健やかな子どもの発育を支援するのがナース（nurse）の活動なのです。

生命力が消耗している子どもと家族たち

現代の家族は、少子化、核家族化、離婚率の増加などにより小規模化し、家族機能そのものが脆弱《ぜいじゃく》になっています。そして、いじめ、子ども虐待、不登校など子どもを取り巻く問題は表面化してきています。子育てを支えていたはずの地域社会もその力を低下させていくばかりです。子育てに関する情報は溢れるほどありますが、その情報をうまく活用していくことは至難の業《わざ》に思えます。

看護の専門的視点で今の子どもの生活に着目すると、子育てのなかで家族がいかに生命力を消耗しているかがわかります。私は、これからの子育て支援は家族の生活過程に着目して、支援することにこだわっていきたいのです。

子どもの自然な育ちを求めて

子どもは生活する力が小さいので、家族で支え育てていくことが求められます。しかし、活力のみなぎる子どもを育てることは、親にとっては楽しい反面、体力的にも精神的にも消耗することが多いものです。子育ては、毎日繰り返される日々の生活のなかで展開されます。子どもと両親とその家族を取り巻くすべての人々が、子どもの育ちを、理解した上で子どもと向き合うことができれば、子どもも親も変わっていくことを、今までの支援活動のなかで看てきました。

今の時代、多くの親は子育ての経験もなく、赤ちゃんに触れたこともないまま結婚して親になっています。子育ては自分の子どもであっても、まったく違う個人を育てることなので思うようにはなりません。一方で、思うように育ちすぎてしまった子どもが、後になって様々な問題提起をするという皮肉な結果につながることもあります。

子どもが中学生・高校生になると、親は子どもが何を考え、何をしようとしているかわからない時がきます。子どもをお腹に宿して以来、子どもを大切に思い育ててきた親は、子どもが親離れして自分の世界を持つようになると嬉しい反面、寂しく思うものです。しかし、子どもの発育のプロセスから看ると、これもまた自然なことなのです。

子どもとともに育つ親

子育ては子どもを育てることではありますが、親もまた子どもから育てられるのです。母親は子どもを産めば母親になるのではなく、子どもを育てるうちに母親としてつくられていくのです。子どもが思うように育たないと悩んでいる母親には「子どもが1歳ならお母さんも1歳」と伝えて支えます。自分がダメな親だなんて落ち込まず、「子どもに育ててもらいながら母になるもの」だと、大きな気持ちで子育てをしてほしいのです。

時代が変わっても子育ては一人の人間を育むことであり、やがて、その子どもが社会で役に立つ大人になるまでを、親子で歩むプロセスであるという基本は変わりません。

私が出会う親子は、健康な子ども、障がいを持つ子ども、病気をもつ子どもなど様々です。健康な子どもでも人見知りだったり、乱暴だったり、元気がなかったり、親たちの悩みは絶えません。しかし、これも個性と考えると今の子育てについての方向性が見えてくることがあります。もちろん、病気や障がいがあればなおさらです。

これまで、多くの親子が織りなす様々な子育てを肌で感じ、一緒に悩み、励ましてきました。子育て支援活動や講演会などを通して多くの親子に出会い、子どもと一緒に遊び、多くの親子から子育てについてのエピソードや悩みなどのお話を聴いてきました。このようななかで、ちょっと一息ついて今の子育てを見つめると、肩の力が抜けて新たな気持ちで子どもと向き合い、子育てが楽しくなると思うことが多くありました。

私自身、子どもとその家族を支えるなかで、多くのことを学ばせていただいています。

子育てを支えることが幸福につながる

子どもを健やかに育むためには、まずは子どもと向き合い、子どもを知ること、そして、子どもの成長発達する変化に応じて対応していくことが必要です。

はじめに

毎日のように、子どもに関するネガティブなニュースが報道されれば、誰でもが自分の子育てに不安を持つと思います。だからこそ、一人で悩まず身近な人の力も借りて、子どもとともにあることを大切に、楽しい子育てをしてほしいと思います。

私は子どもの〈生きる力・感じる力・考える力・人と関わる力〉をしっかり育んでいくことが、子育てで最も大切なことだと思っています。将来、子どもが成長して社会に出た時に、人と良好な関係を築きつつ自分で考え行動できる大人になるよう、社会全体で子育てを支えていくことが社会、家庭、個人の幸福につながると思い子育て支援活動をしています。

第一章

子どもの育ちを看る

Ⅰ　子どもの発育の節目

子どもは常に発育し続ける存在です。そんな子どもの発育過程には、大切な「節目」があります。

ここで言う節目とは、「何歳になったら○○ができる」とか「□□はいつまでにないといけない」などといった、教科書に書いてある発達課題のことではありません。植物の竹には節があり、大きくなるごとにその節は均等に伸びていきます。同じように子どもの発育にも節のように見えるものがあります。

あらためて、子どもの発育を看ながら、その節目の何が大切なのかを理解していきましょう。日常の何気ない子育ての営みのなかに、大切なことがたくさん埋もれていることが見つかるはずです。

Ⅱ　受精から誕生まで

子どもを宿すという奇跡――最初の節目

子どもの育ちは受精すると同時に開始します。

生物は個体として、永遠に生きることはできません。そのかわり、生物が獲得した生殖という優れた営みによって、親と同じでありながら、同じでない個体を生み出すことができます。次の世代に生命をつないでいくことで、種《しゅ》は生き続けるのです。

一人の女性は、約100～200万個の原始卵胞を持って生まれてきます。この原始卵胞は生後、緩やかに変化しながら、思春期になると成熟卵胞となり、卵巣の表面から卵子を排出するようになります。一方、男性の精巣からも思春期になると、2～3億の精子を排出するようになります。

女性から排出された卵子と、たった一つの精子がタイミングよく出会い、受精を成し遂げる、それが子どもを宿すということです。奇跡と呼んでも過言ではありません。

目に見えないほどの大きさの卵細胞は、受精を成し遂げた後、分裂を繰り返しながら子宮に着床して、やがて約3kgの個体となるまで、母体内で発育して外界に出生します。

出生すると子どもは、今まで母親から供給されてきた酸素や栄養を自らの力で取り込み、一人の人間として生き、そして発育していくのです。

人間の形になる（胎児期の第二の節目）

男女が結ばれ、子どもを宿した瞬間からヒトの一生が始まります。受精から一人の人間として発育していくプロセスには共通した節目があります。

一つの卵子は受精すると細胞分裂を繰り返し、身体の形づくりが始まります。その過程でやがて背中とお腹の位置が決まると4週目には心臓が鼓動を始め、眼、耳、鼻などの位置が決まってきます。

この時期ではまだ人間らしい形をしておらず、どんな動物も同じような形をしています。受精卵が着床してからこの時期までを〈胎芽〉と呼びます。しかし、8週目頃になると、目・鼻・口がはっきりと現れ、手・足や指までが備わって人間の形になっていきます。このことから、8週目からは〈胎児〉と呼ばれるようになります。

人間としての発育が始まるという意味で、〈胎芽〉から〈胎児〉になる8週目を胎児期の第二の節目ととらえることができ、この頃は、母親がやっと自分のお腹に子どもを宿していることを知る頃でもあります。胎児は刻々と一人の人間になるために発育し続けるのです。

生きる機能が備わる（胎児期の第三の節目）

15週目になると、母親のお腹も目立つようになり、胎動が始まって母親は子どもの存在を強く意識するようになります。そして、22週目を迎える頃には、胎児の生きる機能がほぼ完成して、医療の力があれば早産で生まれても、生きていける力が備わる胎児期の第三の節目です。

近年の周産期医療は目覚ましく向上し、22週目で生まれ出生時の体重が400g以下の赤ちゃんも助けられ育つことができるようになりました。早産で生まれた小さな子どもにも強い生命力が備わっています。そのたくましさは、赤ちゃんから発せられる「生きたい」というメッセージでもあります。

この節目を境に、社会は胎児を個人の存在として認めます。このため22週目以降の人工妊娠中絶は法律で禁止されています。

22週目以降、胎児はこの生きるための機能をさらに成熟させて、外界で生きていくための準備を着々と進めていきます。そうして、在胎約40週で生まれます。

母体から独り立ちする（出生後の第一の節目）

誕生の瞬間から、それまで母親の胎盤から供給されていた栄養・酸素を赤ちゃんは自分で得なければならなくなります。これが第一呼吸の開始です。

胎児は、母親のお腹のなかにいる時は、胎盤から栄養や酸素が供給されながら、羊水に浮かんでいました。肺に血液がいく肺循環は必要なく、全身に血液を送る体循環が中心で、胎児の心臓には卵円孔と動脈管というバイパスがありました。誕生と同時に子ども自らが肺呼吸を始め、肺に血液が供給されるようになるとこのバイパスは閉鎖され、赤ちゃんは自らの力で肺呼吸を確立します。

この生命を維持する機能の確立は、赤ちゃんにとって、母体から独り立ちして、はじめの生きる力を備える第一歩でもあります。

Ⅲ　情・知・意でとらえる（生後第二の節目）

私は、ヒトが人間らしく育っていく過程を「情・知・意」という概念でとらえます。乳児期から幼児期の前半にこの節目は現れます。この「情・知・意」三つがしっかりと育まれることが、子どもが人間となる基礎となるために、この時期の発育はとても大切です。

情を育む（感じる心）

「情」とは、一般にいわれる〈感情〉とか〈情緒〉とか〈情け〉の情になりますが、それら心の土台のようなものです。子ども心の源である情は、初期の親子の交流によって育まれていきます。

母体から外界に出た赤ちゃんは、自分で生きることに必要な行動（食べる、排泄する、寝る、着替える、身体を清潔にするなど）はできません。おっぱいを飲むことや泣いて要求を伝えること、機嫌がよい時は声を出し、笑ったりはできますが、すべてを養育者にゆだねている存在です。

乳児期の母と子の関係は、相互作用を繰り返すなかで成立していきます。子どもからの合図行動と母からの反応行動を繰り返すなかで、絆を築いていくのです。たとえば、赤ちゃんが泣けば（合図行動）、母親が「あらら、どうしたの（反応行動）」と、母乳を与え、おむつを見ることを、自然のうちに繰り返します。このような相互の関係が深まっていくなかで母と子の絆がしっかり築かれ、赤ちゃんの情緒は安定し、安心感、快の感情をつくっていきます。このやりとりこそが、人間関係の基礎なのです。

赤ちゃんは母親の微笑みを真似て笑い、周囲の環境に同調（エントレインメント）していきます。母親に抱かれて母親のにおいや温かさを感じながら満足した日々を過ごしていきます。このように乳児期は母親（主なる養育者）と子どもの関係において親密な関係を築くなかで「情」を育み、周りの人から多くの刺激を受けながら育まれていきます。

このように1歳までの子どもの生活は、求めることで母親に満たされ、愛情いっぱいの満足で幸せいっぱいの生活の繰り返しです。この親子の関係は、母親の情緒の安定にも作用し、母親の行動も母親らしくなっていくのです。

知を育む（考える力）

「知」とは、〈知識〉や〈知性〉を含む意味ですが、子どもの発育の節目という意味では、何かに興味を持ち、それに向かって行動しよう、認識しようとすることを指します。子どもは探索行動を繰り返し、満たされたらまた次の探索行動に向かいます。これが「知」であり、育ちのなかで子どもが自発的に獲得していくもので、決して、大人が与える知識のことではありません。

1歳になると歩行が確立し、子ども自身で自由に動き回ることができるようになるため、子ども自身で行きたいところに行き単独行動を始めます。子どもの「知」が開花するのです。

赤ちゃんは、目覚ましい運動発達を遂げます。首がすわり、寝返り、おすわり、立つ、歩くという人間だけが成し得た二足歩行のために必要な機能を発達させるのです。この運動機能の発達も親からの励ましや賞賛があって赤ちゃんのやる気スイッチが作動して頑張りにつながります。ちょうど歩行ができる過程において、子どもが何度も尻もちをつきながら繰り返し挑戦し、やがて歩けるようになるように、そして、その過程に親からの励ましや「上手、上手」といった賞賛があるからこそ、子どもは「知」を伸ばすことができるのです。

親や周囲の人から与えられた様々な刺激は、脳の連絡網を構築しながらさらに脳を発展させ、自らの感覚器を駆使して認識を広げ、知的好奇心が活発になります。興味のあるものがあると、自ら移動して行動します。戸棚のものを引っ張り出したり、ティッシュペーパーやトイレットペーパーなどを全部出したりと盛んに探索行動を始めます。養育者にとっては困ったことですが、こうした行動は未知なるものを知ろうとするもので、子どもにとっては知恵が膨らみ、未知の世界を知ることができる楽しくワクワクする体験です。この頃の子どもの好奇心は、知を育み、脳を発達させ、自分を信じ可能性を広げるチャンスを与えます。

この頃までの子どもは挫折を知りません。何度失敗をしても、また挑戦して成功した時の達成感は次の行動の原動力となります。達成した時の自信に満ちた笑顔は、どんな困難も制覇できる強い心を育み、生涯の子どもの宝になるのです。探索行動の真っ最中の子どもの顔を想像してください。真剣で、満足気で自信に満ちた顔をしていることでしょう。このような子どもの発育過程において、初めての子育てをする親たちは戸惑うことも多くあることでしょう。

それまで、親にすべて依存してきた子どもが、一見わがままとも思える行動や反抗的な態度が出てくるため、親として自信をなくすこともあるかもしれません。しかし、これらの行動は子どもの「知」が育まれる上では大切なことなのです。

子どもは1歳半を過ぎた頃には、おしゃべりはできなくとも、大人の言うことはおおよそ理解しています。子どもは言葉のすべてを理解することができなくても、養育者の語気や表情から「いけない」は理解します。探索行動や「知」を育むための行動は、子どもがやっても許せる時は存分に満足いくまで、できるよう場をつくることが大切になります。はじめからダメと行動を規制してしまったら子どもは達成感、満足感もなく、変化のないつまらない毎日となります。十分に楽しんだら、やがて次の行動に移っていきます。

意を育む（行動する力）

2〜3歳頃以降、自分が人間という一人の存在であることを認識していきます。それまで、大人に依存して生きてきた自分を、どこまで自立してできるかを試そうとする姿に「意」が表れています。まさに意志の意、意図の意、意識の意です。

2歳を過ぎた頃から、「イヤ」「ダメ」「嫌い」などのように、「イヤイヤ」が始まります。この頃の養育者は生活の自立に向けた「しつけ（躾）」を意識する時期でもあり、子どものわがまま放題の姿に嫌悪感や怒りの感情を持ちやすいのです。しかし、発育においてとても大切な節目としてとらえることができます。

一見わがままに見えるこの時期の子どもに大人は手をやくものですが、これも成長の証

です。まだまだ完全ではないのですが、自分でできることに満足し、周りの人々に承認されることで満足したいのです。この「意」が確立することで、子どもが自分で判断して主体的に行動しようとしていきます。

子どもにとっては自己主張することで、自分の要求に周りの大人がどんな反応をするか、受け入れてくれるかなど自分の力を試しているのです。多くの母親たちは、この時期の対応の難しさに苦慮していて、母親の悩みもこの時期に集中します。

外出先や、たくさんの人の前での子どもの困った行動は、母親の心も乱します。子どもを力ずくで説得するのではなく、心の乱れに養育者が巻き込まれないことが大切です。まずは情の乱れを整えることです。子どもを「ぎゅっ」と抱きしめ、要求が通らない悔しい気持ちに寄り添い「わかった、わかった」と気持ちを代弁し、治まるまで待ちます。気持ちが治まってきたら、「今日のおかずは○○ちゃんの好きなハンバーグにしようか」など気持ちの転換を図ります。子どもの気持ちは転換が早く、「いま ないた からすが もうわらった」というわらべうたにあるように、変化する特徴があるのです。

このような「イヤイヤの時期」も、やがて言葉を獲得して要求を言葉で表現できるようになる4歳を過ぎた頃には落ち着いて対応ができる子どもになっていき、親は我が子の成長を実感するのです。

子育て支援をしていてよく相談されるのは、子どもの暴力的で破壊的な行動についてです。3歳ともなれば力もあるので、時には大きな事故へつながることもあるでしょう。子どもは、最初から何が悪くて何がよいことかの基準を持っていませんし、判断ができません。ボールは投げていいが、木のおもちゃは投げてはいけないことがわかりません。それは、日々のなかで学習していくことであり、経験することで善悪の判断をつけていきます。

その善悪の判断の根拠は、人を傷つけないことを基準に置くとよいでしょう。木のおもちゃは物を破壊するし、人に当たれば怪我につながります。その判断を子どもに教えていくことが親や教師、保育者などの役割です。親は時には女優になり、泣いてみせながら、「痛い！」とオーバーに言って子どもの理解を促します。「ダメ」と言って子どもが危ない行為をやめた時、たっぷり褒めてよい行為であることを知らせましょう。その繰り返しがやがて危ない行為はしないようになっていくのです。

情・知・意の順番が大切

この「情・知・意」ですが、乳幼児期の節目としてとらえることができるというだけでなく、その後の発育にも随所に見られます。また、大きくなっても日常のなかに見られることがあります。

大切なのは、情・知・意という順番でとらえることです。

情が乱れている状態では、知が出てくることはありません。知があるからこそ、次の意があり、主体的な行動をとることができるのです。子どもが癇癪《かんしゃく》を起こして大泣きしている時は、いくら説得しても無駄です。気持ちが少し治まってきたら、ゆっくりと子どもがわかる言葉で話し、気持ちの転換を促し次の行動に移れるようにします。

この「情・知・意」は大人であっても同じことです。夫婦喧嘩で乱れた心は、時間がたって感情が治まってくると、なぜ喧嘩になったかを考えられ、「私もいいすぎた、謝ろう」と論理的に考えて、解決に向けた行動を取る意思が定まるのです。この「情→知→意」の順番を、生活のなかでうまくとらえることができれば、子育ても楽しく、円満な家庭が築けるのではないでしょうか。

Ⅳ　生活習慣の自立（生後第三の節目）

像の形成（イメージする）

子どもは、学校に行くまでに、日常の一通りの生活行動、つまり食べる、排泄する、着替える、身体を清潔にする、などが自立します。生活習慣が自立するというのは、発育において一つの大きな節目を迎えることを意味します。

このような生活技術はどのように獲得するのでしょう。薄井氏は「技術の習得には、すべて像の形成と繰り返しが不可欠で、よい技術を修得させるにはよいモデルと快の体験をさせる工夫がポイントとなる」と述べています（『ナースが視る病気』薄井坦子、80頁）。「像の形成」とは、大人の行動を見て、子どもが頭のなかに「こうすればいい」という像をつくることです。たとえば、歯磨きは子育てのなかでうまくいかないことの一つで、多くの相談が寄せられます。どのようにしているかを聴いてみると、ほとんどの母親は「押さえ付けてしています」と答えます。これでは歯磨きをいやがるのは当然です。子どもの頭のなかに「歯磨きは嫌なこと」という像をつくってしまっているのです。

赤ちゃんが1歳を超えたころ乳歯が8本生えたら歯磨きを始めます。この時に大切なのは、両親が楽しそうに歯磨きをしているところを見せることです。子どもは親の歯磨きの姿を見て「歯磨きは楽しいものだ、気持ちよさそう」という像をつくります。そのうち、自分で歯ブラシを持って口に入れます。

子どもは模倣によって技術を獲得するので、大人は生活のなかで、「やって見せる」ことが大事になります。子どもの〈やりたがり〉の気持ちを刺激する、子どもを〈真似っこ〉したい気持ちにすることです。同様に、食べる、排泄する、手を洗うといった生活行動は日常のなかで親が手本を見せ、子どもが真似をして覚え、やがて確立していくものなのです。無理に教え込んでも、子どものやる気が起こらなければ意味がなく、母親を落ち込ませることになります。

食べることについての像の形成

具体的に食事が自立するまでの過程から考えてみましょう。

子どもの食事は5か月頃までは乳汁のみで固形物は受け付けません。出生時には乳首をくわえ、乳汁を吸啜《きゅうてつ》して栄養を摂取する機能を持っています。これらは原始反射といって、自分の意志とは関係なく、反射によって成し遂げています。原始反射はおおよそ生後3～5か月まで存在し、乳汁から栄養を摂取することを可能にしています。口のなかに固形食が入ると「押し出し反射」という働きもあり、固形食を口から押し出します。

この反射も4～5か月で消えてしまいます。この時期の赤ちゃんは大人が美味しそうに食べている姿を見て口をもぐもぐと動かし、食べ物に手を伸ばし欲しそうにします。これが離乳食を始めるサインです。この時、赤ちゃんの脳には食べるという漠然とした〈像〉が形成されています。

はじめの離乳食はどろどろした食事で、その後だんだんと固形のものを歯ぐきでつぶして食べます。歯はまだ生えていないので歯ぐき食べをしています。そのうち自分で手にした食物を口に運び、食べることができるようになります。

歯は7～8か月頃から生えますが、まだ前歯だけで食物を咀嚼《そしゃく》する機能は発達していません。しかし、母親が「かみかみね」と噛む動作のモデルを見せると、子どもは「もぐもぐ」と口を動かします。この頃、スプーンを持たせると口に運びますが、まだ手が上手に

使えないため、こぼすことが多いのです。しかし、このような行動を〈繰り返す〉うちに手首をうまく動かし、2歳頃からは確実に口に運べるようになり、親が箸を使って食べる動作をじっと見つめます。親が〈よいモデル〉となり、「上手だね」と褒める〈快の体験〉から、次第に箸を使って食べられるようになるのです。

最初は箸で食べ物をつまむことができないので刺して食べる、フォークと同じような使い方しかできません。それがやがて「お箸はこうして中指の上に乗せて持つのよ。こうやって持ってこうやって挟んでごらんなさい」と周りが手本（モデル）を示すうちに、子どもはだんだん箸で食べるのが上手になっていくというプロセスを辿ります。

「できる」は戻ることもある

一旦獲得された生活習慣の技術ができなくなることもあります。妹や弟の誕生や保育園や幼稚園への入園による環境の変化、家庭内のトラブルなど子どもの不安が退行につながります。

退行とは一旦できるようになったことができなくなってしまうことです。退行が生じたら「できるでしょ」と跳ね返さず、なぜできなくなったのか子どもの気持ちになって考えてみます。

こうした場面でも、情・知・意でとらえることが大切です。幼児期はまだまだ情のなかで育つ時期なのです。子どもの気持ちを察して関わると、子どもは再びできるようになるものです。親は焦らず、子どもに向き合い、時には不安な気持ちに寄り添い「ぎゅっ」と抱きしめることで、子どもは不安から解放されるのです。

おおよそ6歳で生活習慣は身につき小学校に行くことになります。この6歳を生後第三の節目と呼んでいます。

V　もう一人の自分をつくる—学童期の節目（生後第四の節目）

もう一人の自分（相手の位置に移ってみる）

子どもは、やがては親や先生などの大人に遊んでもらうことよりも、子ども同士で遊び、社会性をどんどんと広げていきます。

子どもは3歳くらいから積極的に同年代のお友達を欲しがり、子ども同士の関係からルールを守ることを学び、遊んだり、喧嘩をしたりしながら、相手の気持ちになって考えることを学んでいきます。

この頃から「お友達の気持ちになって考えてごらん」「お友達は痛かったと思うよ」などの大人の語りかけによって、子どもはやがて自分のなかで他者の気持ちを考え、行動ができるようになります。喧嘩も頻繁にするのですが「お友達を叩いちゃった」「お友達が泣いちゃった」「悪いことしちゃった」という葛藤の感情も持ちます。これが相手の気持ちになって考えることを意識することにつながるのです。学童期には、学校での友人関係から「相手の気持ちになって考える」ことが増えていき、おおよそ10歳で〝もう一人の自分〟（他者の気持ちになって考えることができる自分）が完成します。

近年の少年犯罪の背景には、この〝もう一人の自分〟を完成させずに大人になってしまった結果、相手や周りの人々の気持ちを理解できないことがあるように思います。小さい時から周りの大人が他者への気持ちを代弁しながら、子どもの心に「他者の気持ちになって考える自分」を完成させていくよう関わっていくことが大切なのです。つまり、自分中心ではない柔軟な心を育てることなのです。このためには、常日頃から子どもとしっかり向き合い、家族で話し合い解決していく環境が必要なのです。

子どもから大人へ（生後第五の節目）

思春期と呼ばれる時期になると、子どもは無口になり、反抗的で親と子どもの距離が大きく開いていきます。

男子は声変わりや髭が生え身体は男らしい体型に変化します。精通現象が起こり精液の排出をみるようになります。一方、女子は乳房が大きくなり身体は丸みをおび女らしい体型になります。排卵が起こり初経を迎えます。

これらの現象を第二次性徴といい、性を司るホルモンの分泌による変化です。性的関心が高まり、友人間で情報の共有、交換が盛んに行われます。

情緒的にはまだ子どもでいたい気持ちと、大人に変化する自分との葛藤の時期といえるでしょう。この現れ方は個人差が大きく、特に男子では顕著に現れる子どももいます。このような現象は子どもから大人へ変化する自分との闘いの姿といえるのではないでしょうか。

このような時期、親は何もできず見守ることしかできません。しかし、大人としてこれからをどう生きるかを見据えている姿であり、子どもが求めてきた時には親の経験に基づいて話をすると、関係が修復することがあります。

親は自分の価値観を押し付けるのではなく、体験から考えを伝えていくことが求められます。進学や将来の仕事など将来を決定していく過程であり、これまでの親子の関係が大きく影響する時期であるともいえるでしょう。この時期の子どもの母親から「親の言うことを聞かない」「反抗する」などの悩みを聴くことがあります。私は看護師であるため、慢性疾患を持つ子どもの親からのことが多いのですが、本人に直接会って話すと、とっても素直で明るく、自分の病気についてもしっかり理解していることがあります。そういう子どもは、親は自分を見放さないことをわかって反抗したり抵抗したりしているのです。私は、必要な薬を飲まないことや制限を守らないことが、これからの自分にとって不利益であることを説明します。すると、多くの子どもは、自分のために頑張ると言います。この頃の子どもはわかっていても行動できない、したくないことがあり、それを指摘されることを拒みます。親は信じて待つこと、他者の力を借りて本人の意思を確認することが必要でしょう。

病気のことは主治医や看護師、学校のことは教師、近所の子どもが慣れ親しんでいる人など子どもを理解して対応してくれる存在を日頃から見つけておくことが、この時期をうまく乗り越えるために必要なことなのです。

一人ひとりの子どもが、やがて大人になって、どのような人生を歩むかはそれぞれ異なりますが、子どもは家族や社会の影響を受けながら成長発達し、社会の一員として社会を担い次の世代を育んでいくので、子ども期の環境や親子関係はヒトの一生を決める大切な基礎をつくる時期といえるでしょう。

Ⅵ　発育の〈自然な決まり事〉

子どもは一人ひとりが個性的な存在ですが、ヒトとしての発育には共通する〈自然な決まり事〉が存在します。どんな環境に育っても、育てられ方が違っていても、子どもは発育の〈自然な決まり事〉に従って発育していくのです。発育の法則性といってもよいと思います。

発育が〈自然な決まり事〉のように進んでいない時にこそ支援が必要となります。発育の〈決まり事〉は医療や福祉の世界では「発育の一般原理」と説明されるものですが、ここではわかりやすいように「自然な決まり事」としました。自然な決まり事は、子どもの持つ育つ力でもあります。一つひとつ見ていきましょう。

発育は連続的である

発育は、その速度は一定でなく、急激に進む時もあればゆっくりの時もありますが、止まることなく連続的です。乳児期は心身とも大きく発育しますが、学童期以降、その速度は緩やかになります。

たった3kgの体重で生まれた新生児はやがて3～4か月で2倍、1歳（12か月）で3倍になります。身長も1歳で1.5倍、4歳で2倍になります。すごい勢いです。その後少し緩やかになり、やがて12歳頃、思春期と呼ばれる時期になると、また、急激に増加するのです。子どもの身体が大きくなるということは、骨が延長し血液量も増え、内臓も大きくなり身体に備わった器官がすべて連続的に大きくなるということです。

虐待を受けて育った子どものなかには、発育が連続的でないケースがあります。発育が止まってしまったり、減少したりすることもあります。このような事態は子どもが「助けて！」と発するサインなのです。このサインを見逃さず、適切な養育環境を与えることが子どもの生命を救うことになるのです。

発育は一定の順序で進む

発育の順序は、常に秩序正しく一定の順序で進みます。生まれたばかりの赤ちゃんは何もできません。もちろん乳汁を吸うのと同様に原始反射（把握反射）があるので物をつかむ、支えれば歩く（歩行反射）こともできますが、これはすべて反射であって、自らが随意的に行っている行動ではありません。

3～5か月で原始反射は消失し、意図的な行動を自らの意志で行えるようになります。運動発達面では、首がすわり、寝返りができるようになって、座る、這う、立位、歩行へ

と発達していきます。

このように、発育は常に秩序正しく一定の順序で進みます。首がすわっていない子どもは、どんなに年齢を重ねても、どんなに訓練しても座位や立位はできません。

発育の順序は、頭部から足へ向かう方向と身体の中心から抹消へ発達していきます。赤ちゃんは4か月を過ぎると手をよく動かすようになります。やがて手に何かを握らせるとつかむようになり、9か月を過ぎるころになると親指と人差し指で小さなものをつまめるようになります。赤ちゃんにとって親指と人差し指で物をつまむ動作は至難の業《わざ》です。さらに、つまんだものを口に運ぶ動作は、目と手を協働して動かすことができなければ成し遂げることはできません。目で見て手掌と指をうまく働かし、つかんで口へ運び、タイミングよくつかんだ手を離し口唇で物を捕らえる、これらの動作を繰り返し、失敗しながらも続けていくことで、やがて手づかみ食べからスプーンを使い、最終的には箸を使って食事をすることができるようになるのです。

発育には決定的な時期がある

発育には決定的な時期があります。子どもが発育するプロセスのなかに、この時期を逃すと後の発育に重大な問題を引き起こすことがあります。胎児の発育のプロセスでは、身体の形づくりの時期、手や足ができる時に薬や放射能などの影響があると手足の短い、あるいは欠損するといった障がいを負うことになります。また、生後でも乳汁から固形食に移行する時期に適切な食物が与えられないと、摂食機能に問題のない子どもであっても、固形食を受け付けないこととなり、乳汁しか受け付けないということがあります。

情・知・意についても決定的な時期があるととらえることができます。赤ちゃんの時期には十分な愛情を持って「情」を育てることが必要です。探索行動を十分に取ることができる環境を適切な時期に与えることが「知」を育みます。「意」を育むことにも決定的な時期があります。

赤ちゃんの時期に母子相互作用のサイクルがうまく整わず、安定した母子関係がないと人を信頼する心は育たないのです。このことは、学童期になっても続きます。子どもが社会に適応できない、たとえば、いじめや学級崩壊などを経験した子どものなかで、やがて引きこもりや仕事が続かないなどの社会不適応状態に陥ってしまうことも考えられるのです。育ちにおける決定的な時期をはずすことなく、うまく乗り越え、進んでいけるようにすることが、子どもの発育には重要なことなのです。

別の例では、平成25年に成人男性に風疹が猛威を振るいました。その伴侶である妻が風疹に罹患すると風疹症候群という障がいを持った子どもが生まれるということで、国を挙げて予防に着手しました。風疹症候群とは、白内障・緑内障といった目の病気、難聴、心疾患などを持つ子どもが生まれるということです。その確率は、妊娠4〜6週で100%、7

〜12週で80％、13〜16週で45〜50％と報告されています。胎児は4週から心臓や脳神経、6週頃から手や足など、様々な臓器ができていきます。それぞれの時期に風疹ウイルスに感染すると、その影響は大きいのです。感染さえしなければ五体満足で生まれてくる確率は高まります。つくられる決定的な時期に感染を起こさないことが予防につながるのです。

発育はすべて相互作用によって行われる

私が最も大切に考えている発育の〈自然な決まり事〉です。医療や福祉でいう「発育の一般原理」ではこの相互作用の項目を入れていないことが多いのですが、私はあえてこの項目を加えたいです。

人間は、常に相互作用のなかに存在して、相互作用のなかで生きているといっても過言ではありません。人との関わりにおいても、身体を構成する細胞レベルでも、すべてが相互作用なのです。人の細胞間での相互作用は生きていくためには不可欠で活発に行われています。

たとえば、食事をして血糖が上がればインスリンというホルモンが膵臓《すいぞう》のβ細胞から分泌され、エネルギーのもととなる糖分が体内に取り込まれます。この糖代謝は、常に成長発達する子どもは活発で、エネルギーをつくる材料である糖質をたくさん必要とします。身体が大きくなるのにも、脳が発達するのにも糖はたくさん必要なのです。もちろん、糖のみならず、その他の栄養もバランスよく摂取することは子どもの発育過程には必要不可欠で、胃から腸へ取り込まれた食物は胃液、腸液の分泌により、体内へ吸収されます。これも体内における相互作用によるところが大きいのです。

また、人間は社会的動物といわれるように一人では生きていけず、家族や周りの人々と相互作用しながら発育していくのです。母子相互作用も、赤ちゃんが誕生してから展開される親との相互作用であり、そこから人間の基礎がつくられていきます。

発育の〈自然な決まり事〉と子どもの個性

細かな知識はなくても子育てはできますし、多くの親子は夢中で知識なしで子育てをしています。しかし、〈自然な決まり事〉を踏まえて子育てしていくことで、合点がいくことが多くあります。実際、多くの親から、発育の〈自然な決まり事〉をもっと早く知っていたらよかったというお話を聴きます。

子どもを健康に育んでいく発育過程で「何か変?」と子どもの異変を感じた時や困ったことが起こった時に、この発育の〈決まり事〉を思い出して考えると、何かヒントが得られると思います。

一方で、子どもの育ちには〈自然な決まり事〉がありながら、個人差、性差などすべて一律ではありません。歩き出すのが遅い子や言葉の遅い子など教科書や育児書にある一般とは違った発育をすることは多く観られます。

私は、今まで多くの子どもたちを看てきて、一人ひとり違った発育があることを実感しています。〈決まり事〉を頭の隅に置きつつ、目の前の子どもを看ていくと、発育の歪みなのか、個性なのかを見極めることに迫られることもあるのです。

発達が遅いと言われたが

子育て支援において、発達の遅れについての相談は最も多くあります。ほとんどが健診先で保健師、医師などから言われているようです。子どもの発達は非常に個別的、だからこそ、現時点の現象だけで発達を判断することはできません。

たとえば、1歳7か月まで歩けなかった子どもが小学生になって、何の問題もなく学校で過ごしています。言葉が遅くて3歳でも片言しか言えず、「言葉の教室」に行くよう、3歳児健診で言われた母親が、泣きながら相談に来たケースでも、その子どもも何の問題もなく小学校で過ごしています。

発育は個別なので、正常か異常かではなく、家族構成や生活の仕方から発育を看ていくことが大事なのです。そうすると合点がいくことが多いのです。発育の〈決まり事〉を頭に置きながら、他の子どもと比べるのではなく、子どもの個性としてとらえることが大切です。

指摘した保健師や医師を擁護するわけではありませんが、今を診て心配だから、様子を見ていく「見守り」が必要だからと語ったのだと思います。この場合、私は子どもの育ちのなかで母親が気になることがあるかを質問します。

言葉の理解、親の要求に応じられるか、買い物に行った時の様子など、話してもらい母親としてまったく困り事がないなら「遅れ」を気にすることはないと話します。親が子どもの発育に心配事や見通しが立てられないなど、子育てに自信をなくしてしまうことは、子どもに多くの影響を与えます。子どもの一番身近にいて育てている母親だからこそ、我が子の発育については一番わかっているのです。

しかし、時には専門職の力を借りながら子どもなりの個性を伸ばし、その子なりの発育を支えていくことが大切です。多くの例では、専門職者が診て発達に気になることがあると判断したことなので、指示されたように受診するなり、相談するなりの行動は親の安心のために勧めます。その過程を丁寧に見守りながら、育ちのなかで改善できる方法を共に考えて前向きに子どもに関わってほしいのです。

子どもが健康に発育することを望まない親はいません。親として今必要なこと、どう対処するか、今までの育ちを振り返り共に考えていくことが、こうした相談に対する答えだと確信しています。

母親は「遅れている」「小さい（発育が悪い）」など否定的な言葉で傷ついています。子どもに関わる人は、専門職として気になることがあっても、母親の子どもに対する気持ちを理解した上で、母親を励まし、寄り添っていける体制を整え、「何が気になるのか」をはっきり伝え一緒に考えることが大切です。

伝えることで母親を悩ましたり傷つけたりしないよう、注意を払うことが必要だと思います。母親は子どものためにと我慢することが多く、ストレスをためやすい状況にあります。特に専業主婦は子どもと向き合い、話をする相手もいないことが多いためストレスをためやすいといっても過言ではありません。ママ友をつくっておしゃべりをする、自分にとって安心できる民間や行政が行う子育て支援の場を見つけるなど、家庭内で生じたストレスから解放されること、母親にとって安心で安全な場を見つけることが必要なのです。

愚痴もため息も身体から毒素を抜くためには大いに活用してよいのだと思います。そして、ストレスから解放されることで、また子どもと向き合える自分を取り戻すことができるのです。

Ⅶ　人間の発育の特徴

人間は1年早産で生まれる

ポルトマンという動物学者は「人間は1年、生理的早産で生まれる」と述べています（『人間はどこまで動物か～新しい人間像のために』アドルフ・ポルトマン著、高木正孝訳、60頁）。牛や馬などの哺乳類は生まれて3～4時間経てば自分で立ち母親の乳房をさがす「巣立つもの」（離巣性）であり、鳥やウサギなどはまったく動けず、親がしばらくは餌を運んで食べさせる「巣に座っているもの」（就巣性）であると分類しました（前掲書、26頁）。しかし、人間だけはどちらでもなく生理的早産であるというのです。

人間の子どもは出生して1年は一人では何もできませんが、この1年は、人間になるためには不可欠な時間であり、進化の過程を辿るように過ごします。

赤ちゃんは母親や家族との交流を通して様々な体験をします。要求が満たされ快適な時もあれば、どんなに泣いて訴えてもわかってもらえず不快を体験する時もあります。小児精神科医の渡辺久子氏は「赤ちゃんは求めれば救われる体験を繰り返している」とおっしゃっています（平成15年度乳児院主任保育士及び家庭支援専門相談員研修の講演より）。

赤ちゃんは動けないわけですから他者に求める、求めれば母親や養育者が救ってくれる。この体験を繰り返しながら、世界に対する安心と信頼を得るというのです。逆に求めても救われない、たとえば虐待環境にあるとか母親が精神を病んでいる場合は、世界に対する不安と恐怖が生まれます。乳児期の1年間は、子どもがこの社会で生きていくための準備期間であり大切な時間なのです。

動物学的に人間は生理的早産であっても、人間の生後1年の体験が人間を創るといっても過言ではないのです。

言葉の発達

言葉によるコミュニケーションは人間が獲得した素晴らしい機能です。言葉は人と人との関係に不可欠なものであり、人はさまざまな方法でお互いの意思を伝え合い社会性を広げていきます。

歩けるようになった子どもは探索行動を繰り返し、知的好奇心を発展させていきます。言葉を確立して他者とコミュニケーションができるようになるのも、この知的好奇心があるからです。

赤ちゃんは言葉を獲得する前には、「アー」「ウックン」など機嫌のよい時は声を出し快の感情を表現します。赤ちゃんなりのコミュニケーションの表れです。1歳頃には母親の言葉を真似て声を出すようになり、やがて盛んに「指さし」をするようになります。これは自分の前に現れたものに関心を示し、親が「わんわん（犬）ね」「ブーブー（車）ね」などと物の名前を言うことで記憶して「片言」で表現するようになります。

2歳が過ぎる頃「あれは何？」「どうして？」「なんで？」と盛んに質問してくる時期があります。これらの行動も、親にとっては面倒で厄介ですが、子どもが言葉を獲得する上でとっても大切な行動なのです。

言葉は、個人差の大きいものです。言葉が遅いと心配して相談されることが多いですが、遊びの様子や子どもなりの表現方法を観察すると、ほとんどが心配のないことが多いものです。無理にしゃべらせようとせず、親や周りの人の話すことに関心が向くよう、時間のある時は子どもが言葉を発するまで待って表現を促していくと、そのうちにしゃべり出すものです。子どもの要求を先取りして代弁するのではなく、「お茶が欲しいの？」など子どもの要求を確認した上で、「おちゃ」と言うまで待ってみることです。

家族間での会話が多いなかで育つことも言葉の発達にはよい影響があるようです。第一子より第二子の方がたくさんの会話のシャワーのなかで育つので言葉は早いのです。外国語を学ぶ時、自然な会話に数多く触れると効率的であることと同じです。

楽しい会話のなかで子どもを育てることが、将来、コミュニケーション力を持つ子どもになるのです。

脳の神経回路の発達

子どもは頭が大きく、特に乳児は4頭身です。なぜこんなに頭が大きいのでしょうか。人間が知恵や能力を発達させ今日のような文明を築いたことと、脳の発達には大きな関係があります。

脳を構成する脳神経細胞（ニューロン）は、胎児期に約140億個がつくられ、赤ちゃんはその140億個を持って生まれてきます。この脳神経細胞は生後、減ることはあっても決して増えることはありません。

脳神経細胞は、出生直後はバラバラで、まったく機能していませんが、生後、様々な刺激を受けた脳神経細胞は、樹状突起を伸ばして絡み付きつながっていきます。このつながりを助けるのがグリア細胞で、生後急激に増加します。

脳神経細胞の発達には生後の体験が大きく関与します。子どもの脳の重量は3歳までに大人の脳の80％に達します。この脳の重量は脳神経細胞が増えるのではなく、脳神経細胞が樹状突起を伸ばし、グリア細胞によって絡み付き、脳の神経回路をつくっていくことで増えていくのです。このため脳の重量が急激に増加するのです。

何もできなかった赤ちゃんは、運動機能を発達させて、人間だけが成し得た二足歩行と言葉を獲得し、だいたい3歳までに運動・記憶・知覚などの人間の基礎をつくります。

この神経ネットワークの連絡網をつくるプロセスには細胞間の相互作用が存在し、一様にできるのではなく、いらなくなった細胞は死滅したり、新たにつくり変わったりしながら、最後には必要なネットワークのみに整理されるという過程を辿ります。つまり、ヒトの神経細胞が、人間にとって必要な細胞のみが選択され、その後は繰り返しの学習によって強化され、やがて人間社会に適応して生きることができるようになるのです。

言葉の発達には、脳の中枢神経系の発達、知的機能や発声の機能などが密接に関わっています。絵を描くということでも同じことがいえます。2歳児に鉛筆やクレヨンなどの筆記用具を与えるとぐちゃぐちゃ描きをします。この時、手を動かすと線が現れ、やがて広がり面白いという感覚と同時に描くという概念が確立します。これで描くことの脳細胞のネットワークが構築されます。ぐちゃぐちゃ描きから図形が描けるようになり、そして、丸は「お顔」「お母さん」と描いたものと結びつき、三角、四角と自分の描きたい形が描けるようになると、やがて自分の頭の中にある情景を絵で表現するようになります。

この下の絵は3歳9か月の子どもが描いたものです。どうやら人と蝶を描いたようです。丸に目と口が描かれ、象徴的にまつ毛が描かれ、顔が大きく描かれています。胴体は小さく、

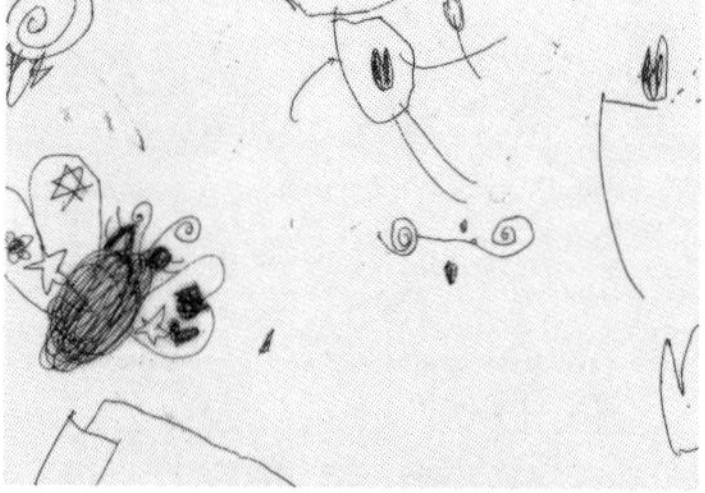

3歳9か月　女児の絵

手には花を持っているようです。このように頭のなかの情景を絵に描きます。

幼少期の絵は誰でもが描くもので、やがて、時間とともに人間のありのままの姿が描けるようになります。このような過程を経て、三角形や四角形などの図形が変形して文字や数字となり、表現する力となるのです。このように幼児期の体験は脳を育て発展させる大事な時期であり、知的好奇心をゆさぶられる環境が子どもの脳を育てることになるのです。

情・知・意は脳の構造にもある

情・知・意は、脳の構造にも見ることができます。進化の過程で人間になるまでの段階が脳の構造に見事に表れているからです。

人間の脳は3層からできています。下層の脳幹は生きるために必要な心臓、呼吸、体温調節などの機能を司り、生命を維持していくために不可欠な部分です。赤ちゃんが誕生する時にはでき上がっています。中層は大脳辺縁系と呼ばれ、本能や情動の制御に重要な役割を果たしています。特に重要なのは「海馬」と「扁桃体」という二つの領域です。誕生したばかりの乳児は養育者との関係で「情」を育んでいきます。「情」はこの大脳辺縁系の発達と関係があるのです。多くの哺乳動物はこの中脳までで生きていきます。本能によって行動し、本能のまま生きているのです。

人間には上層の大脳新皮質があり、ここは人間を特徴づける知性の中枢と呼ばれ、乳幼児期に急速に発達していきます。考えたり、話したり、人間らしい行動をするところです。これは人間にしか存在しないもので、動物のように本能のままに行動することを制御しています。人間の子どもは1歳になると「知」を発達させていきます。探索行動を活発に行い、様々なことを覚えていきます。人間のコミュニケーションを支える言語を話すようにもなります。そして、2歳を過ぎた頃には「意」が開化し自分の意志で行動し、自我も目覚めていくのです。脳の前に突き出す前頭連合野は知性と創造性に重要な役割を果たしています。

情・知・意には脳の発達が大きく関与しています。脳の発達こそが人間らしい行動や生活を支えているのです。

第二章

家族のなかで育まれる子ども

Ⅰ　子どもにとって家族とは

人間は家族なしに生まれることはありません。家族なしに育つことはできません。ヒトは家族のなかで子育てに時間をかけて営む特殊な動物です。もちろん、狼やライオンなどの野生で生きる哺乳動物も家族はつくります。しかし、それは子どもが成長し獲物を取れるようになるまでです。子どもが成長すれば野生の哺乳動物の家族は解体し、また新しい家族をつくるのです。このように、野生動物の家族は「種の保存」を目的につくられるのです。

では、人間はどうでしょう。認識が発達したため、地球上のほとんどの人間社会は一夫一婦制です。結婚は生涯の伴侶を得ることです。野生動物のように「種の保存」を目的とした家族ではないのです。男女が結ばれ、やがて子どもが生まれても、人間の子どもは成長し、自立するまでに長い時間がかかります。人間の子どもは、いつ親から自立するかは論議の分かれるところですが、仮に大学卒業までと考えると22年はかかるのです。しかも、大学を卒業し、その後就職して経済的な自立は果たしても、現代社会の若者は、精神的・社会的には自立していないとさえいわれます。

人間は、相互作用によって存在します。生まれて様々な体験を重ねながら情・知・意を育む人間にとって、身近な「家族」は欠かすことができない存在だといえます。

家族とともに営む生活が大事であり、その生活のなかで密接に関わっていくことで、子どもは自分を育てていきます。どのような家庭環境にあっても、この営みが豊かであれば、自然と豊かな子どもの育ちにつながっていくのです。

家族とは何か

あらためて、人が育つために欠かせない家族とは、どういうものでしょうか。様々に定義されています。

家族社会学の森岡清美氏は「家族とは、夫婦、親子、きょうだいなど少数の近親者を主要な成員とし、成員相互の深い感情的係わりあいで結ばれた幸福（well-being）追求の集団である」と定義しています（『新しい家族社会学』森岡清美、望月崇、4頁）。

家族看護学を構築したカナダのフリードマン氏は「家族は相互の情緒的に巻き込まれ、地理的に近くで生活をしている人々（ふたり以上の人々）からなる。血縁でない、近くで生活をする人々」を家族としています（『家族看護学 理論とアセスメント』Marilyn M. Friedman 著、野嶋佐由美訳、4頁）。

精神科医の浜田晋氏は「家族は不条理な存在である。矛盾にみち、多様である。そこに

は闇が広がり、あやしげなものがうごめくかと思えば、まるでなにごともなかったごとく、やさしさに満ち、ほっと一息つく場ともなる。人はそこで傷つき悩み憎しみ合い、絶望し、そしてまた憩い、癒されつつ、育ち、安らぎ、暮らす。しかし一般的には、生物学的にも、人類史学にも、社会を構成する普遍的な基本的単位とされてきた。ただ家族は人間の生と暮らしを支える危うい基盤である」と、家族の暮らしのなかでの感情のやりとりや社会的な基盤であることを示しています（『いま家族とは』鶴見俊輔、浜田晋、春日キスヨ、徳永進、69頁）。

これらから、私は、家族とは「近くにいる人々が様々な感情をぶつけ合いながら、幸福（well-being）のために生活をともにしている人々」と理解しています。そして、「人間は家族の中に生まれ、家族を基盤にその地域社会に通用する生活習慣を身につける」（『ナースが視る病気』薄井坦子、8頁）とあるように、子どもの育ちの基盤には家族があり、家族を中心とした子育て支援が必要だと考えています。

家族は矛盾を抱え、多様である

特に、浜田氏のいう「家族は矛盾にみち、多様である」や、フリードマン氏の「情緒的に巻き込まれ」とは、どのようなことでしょう。

家族は、時には傷つき憎しみ合うかと思えば、憩い癒され、育つなど矛盾に満ちています。夫婦の関係では、まったく違った環境で育った2人が生活を営むわけですから、意見の相違やいがみ合いがあっても不思議ではありません。しかし、根底には愛情溢れるふれあいがあるのです。

日々の生活はその繰り返しといえます。嫁姑問題も互いに期待があり、それが噛み合わないことでもめ事が生じていることが多いのではないでしょうか。また、子どもが思春期を迎えた頃、素直だった息子が豹変して反抗的になったり、親を無視するようになったりと家族のなかは常に感情がぶつかり合うものです。浜田氏は精神科での診療で多くの親子、夫婦といった関係性をみつめてきたからこそ、家族の危うさや安寧な状態を表したと思います。

家族には、よい時もあり、悪い時もある。だからこそ、生活が彩られ一緒に暮らしていける関係が築けていける、そして、それを土台とした子育てこそ、人間を人間らしくすると思うのです。

Ⅱ　子どもの育ちを支える家族

情の育ちには家族が必要

子どもが育つ環境のほとんどは、親を中心とした家族がもたらします。生まれたばかりの赤ちゃんにとっては、自分と母親の関係そのものが環境といえます。

子どもが家族のなかに育つということの意味について考えてみると、家族との関係が子どもを創るといっても過言ではありません。

子どもは両親やきょうだいの言葉をシャワーのように浴び、行動を見本として真似る生活を送ることで、様々なことを身につけていきます。生活という営みのなかでこそ、家族との関係のなかでこそ、子どもは活き活きと育っていくのです。

施設で育つ子どもは、保育士などの専門職の人から世話を受けます。子どもについての専門家であるプロから養育を受け、子どもに合わせて設計・整備された施設は質の高い環境といえるはずです。

しかし、家族との生活で育てられることの方が、子どもにとっては大切なのです。たとえば、おむつ替えを見ても、専門家である養育者と母親に違いが出ます。保育者であれば、適切なおむつ替えの対応とともに「きれいになってすっきりしたね」などの肯定的な言葉かけが適切に行われます。これが母親の場合、語りかけは「すっきりしたね」だけではありません。「今日はお父さん早く帰るかしら？」とか「雨が降って買い物に行けないわ」などの生活感が溢れた言葉が続くことでしょう。他の家族に話しかけたり、時には愚痴もこぼすことがあったりするでしょう。これが子どもと接するなかではとても大切だと私は考えています。

このような生活空間で育つからこそ、子どものなかに「情」が育まれ、子どもの安心を育てていくのです。夫婦で笑い合う楽しい会話も、子どもの前での言い争いも、愚痴やつらい表情も、すべてが子どもにとっては「情」を育む刺激となるのです。

もちろん、夫婦喧嘩もほどほどに、子どもの心を脅かすような刺激となってはよくありませんが、日常のちょっとした家族の生活のなかにある情緒豊かな環境が子どもを育てることになります。

親にとって、ありのままの姿で子どもに接することが自然なことなのです。そのなかで親と子の絆は深まっていくのです。

いま、家庭のなかでの養育が困難な子どもには乳児院や養護施設などの環境が与えられます。しかし、このあり様が問われています。3歳までは家庭のなかで育てることが望ましいという理由からグループホームの見直しや里親制度を進めることが急務と思っています。

家族関係のなかでの「互酬性（互恵性）」

家族の機能は、生殖、経済、教育、保健、保護、娯楽などがあります。成人した男女が結婚という社会的承認を受けて生活を営み、そのなかで子どもを産み、育てる過程で相互に役割を果たしていきます。前述した家族の定義にあるとおり、こうした機能を持って、家族は〈幸福〉を目指しています。

家族の関係には、「互酬性」があるといわれています。家族の成員は相互に報酬を与え合う〈互酬性〉の関係にあるということです。

これは、原始時代の人々の生活から見ることができます。男は外で狩りをして獲物を得て持ち帰り、女は家で子守りや家事をして、外で働く男たちの生活を支えていたという関係性から表れたものです。この時代の子どもは〈家〉を継承する存在であり、家族の規模も大家族であったことから、老いた親は面倒を見てもらう存在であったと思われます。このことは、古墳などに残る生活の址《あと》から推察できます。

現代の家族においても、その形は大きく変わりつつありますが、男は外で働き収入の中心を担い、女は家事と子育ての中心の役割を担うということでは同じです。親は食べ物を与え、環境を整え、また、教育を受けさせるなど子どもがよりよく生きていくためにたくさんの報酬を与えます。また、家族のなかで行われる躾もたくさんの報酬を与えます。

一方で、子どもに対する親の意識は変わってきていると思うのです。〈家〉制度は崩壊し、家族はそれぞれの価値観で生活するようになりました。多くの親は子どもに将来の面倒を見てほしいとは思っていない、期待できないと思っています。そのような社会に生きる家族にとっては、子どもを育てることは報酬があるというのでしょうか。この〈互酬性〉理論からは、親は子どもにたくさんの報酬を与えますが、子どもは親に報酬を払っているか疑問になります。

子どもは家族にどのような報酬を払う存在なのでしょうか。

親子の生活する過程を考えてみると、その関係性において、子どもが親に支払う報酬は笑顔と成長していく姿であると気づきました。夜におむつを替えミルクを与えるなど育児に疲れていても、ミルクの後は赤ちゃんの満足した満面の笑みを見ると、疲れが吹っ飛んでしまうという経験は育児を経験した人の誰もが体験していることでしょう。

初めて歩いた時の感動、ママと呼ばれた時の喜びなど、与え与えられる循環から親子の相互に満足した関係が生まれると思います。むしろお互いに恵みを与え合う〈互恵性〉という関係の方がぴったりです。この関係があるからこそ、人類は子どもを産み育て、ヒトという種を保存しつつ、今ある文明を築いてきたのです。

子どもを育てることは家族の幸せ

子育ては、生まれて何もできなかった子どもが、日々成長して自立していく過程をともに過ごすことであり、それは喜びの連続です。子どもの存在は、両親や祖父母、周りの大人たちまで幸福な気持ちにしてくれます。子どもが日々成長していく姿を共有することこそ、家族にとって喜びであり、家族に笑顔をもたらすのです。

ＱＯＬ（Quality of Life）は、「生活の質」「生命の質」と訳されていますが、「個人の安寧感、生活上の満足、あるいは幸福感である」と定義されています。家族のＱＯＬを高め

るのが子どもという存在、子育てという営みです。

妊娠することを「子どもを授かる」とか「子どもに恵まれた」と表現します。まさしく子どもを家族の一員として迎えることは、〈恵みを授かる〉ことで、子どもは家族にとっての癒しであり、喜びなのです。

子どもは1か月、1年単位で成長していくので、その発育の変化に携わることは家族の「生活の質」をプラスに向かわせることになります。多くの家族から子どもの困ったエピソードを多く聴きますが、その困ったことを解決することは楽しい生活につながるものなのです。むしろ、困ったことを家族で解決していくことが家族の幸福感や生活上の満足につながっているのです。

一方で、現代社会の7組に1組は不妊の夫婦といわれ、不妊治療を受けて授かる子どもも多くいます。全員が自然に子どもが授かるわけではないということも、子育てと家族の幸福について語る時に、配慮しておきたい事実です。

家庭が大事、家が大事なのではない

日本社会は「家《いえ》」を大事にしてきました。男の第一子は「家」にとっては継承する子どもとして大切な存在として扱われ、家制度を守ってきました。今の若い夫婦のなかにも、このような〈家を守る〉意識があることに驚かされることがあります。

しかし、子どもの育ちにとっては、家族の温かい交流のなかで、生活が営まれることが大切であり、それらが与えられることが、子どもにとって望ましい環境といえるのです。それが、家族の成員が暮らす場であり家庭です。

近年、家庭のあり様は多様になってきました。多くの人は自分が育った家庭こそがすべてと思っていますが、まったく異なった家庭を見ることで気付かされることがあります。それぞれの家族が織りなす家庭環境は、そこで育つ子どもにとってすべてです。子育てに家族が欠かせないというのは、「家制度」が大事ということではなく、「家庭」が大事ということです。

家族が育むルール

子どもは模倣が大好きです。親や家族の行動を模倣して生活技術を身につけていきます。話し方、食事の仕方、人との接し方など似てしまうのです。子どもにとって親は身近なモデルです。親の癖まで真似るので困ることもあると思います。

かといって、日常生活のなかでいつも子どもによい手本を示さなければと緊張して生活するわけにはいきません。乳幼児期は多くの時間を親と過ごし生活をしていますが、やがて、幼稚園や小学校など集団のなかに入るようになると友達から指摘されたり、他の方法を知ったりすることで、行動も変わっていきます。心配はいらないのです。ありのままの生活が子どもを創り、次には社会生活のなかで子どもがよいと決断した方法で生活していくようになるのです。料理や掃除の仕方など親から受け継いだ生活技術ですが、自分であるようになると、効率のよい方法を考えている自分に気づくことがあります。

子どものよくない行動を叱る前に、育ちのなかでいつ身についたことなのかを考えてみましょう。身近に同じことをしている大人はいないでしょうか。

家族は社会のなかで一番小さな集団です。集団である以上、ルールや規範に統制されますが、この規範やルールなくして生活は成り立ちません。家族のなかで子どもを躾けていくことは大事な機能です。

「躾」というのは漢字で書くと「身が美しい」と書きます。私はこの字がとても好きです。「しつけ」と言うと、とても厳しく何かができるようになるために、「しこむ」とか、「させる」という強いイメージがありますが、漢字で書いてみると実は「身を美しくこなせるようにする」ことなのです。

子どもの将来を考え、やがて、子どもが成長して社会に出た時に恥ずかしい思いをしないよう、生活のなかで家族だけが子どもに与えることのできる最高のプレゼントが躾なのです。

躾のなかには当然その社会の文化や歴史、社会の規範が反映されています。子どもを「躾ける」過程、特に幼児期ですが、例えばトイレのこと、食事のことなどを考えてみると、食事も排泄も日本の文化を背負って躾をされていきます。箸の文化は日本を代表とする東洋の文化です。

家族から地域へ

子どもを育む環境は、子どもが成長するにつれて、家族から地域へと広がっていきます。家族のなかでの親子の関係は、子どもを取り巻く環境のほんの一部であり、その背景を広げてみると、家庭の中にも両親、きょうだい、祖父母、ペットなどが存在し、さらに地域社会に広げると保育園や学校の先生、友達、そして学校、保育園などの施設、遊具などの物的環境も含み、もっと広げると役場、病院、支援センターなど子どもにとって大切な環境が見えてきます。

どんな環境で育つことが子どもに有用なのかは一概にはいえません。しかし、子どもが伸び伸びと育つ環境とは、家族にとっても楽ししい環境といえるでしょう。社会全体で楽しく希望に満ちた環境を子どもにプレゼントできる社会を創っていくことが求められていると思います。そして、子どもにとって有益な社会資源をいつも頭に置いて、困った時にどこに相談するかを日頃から考えておくことが大切なことだと思います。

様々に展開されている地域の子育て支援が、必要な家族に届けられることを私は願っています。子育ての初期の頃は、赤ちゃんのみならず、母親の環境も整えることが大切です。夜間の授乳や慣れない育児で母親も精神的に不安定になりやすいのですが、この時に協力者の存在は不可欠です。父親のねぎらいや育児参加は母親を安定させ、子どもにもよい効果をもたらします。また、祖父母の協力もあってよいでしょう。親子を中心とした暮らしのなかで、よい人間関係が子どもを育んでいくのです。

第三章

現代社会における子育ての葛藤

Ⅰ　情・知・意の育ちを脅かすもの

少子社会による家族の小規模化

現在社会においては少子化が進み、出生率の低下、児童のいる世帯数および世帯における平均児童数の減少などの影響で、家族の小規模化が進んでいます。平成24年度の「国民生活基礎調査」によると、地域のなかで子どものいる世帯は25％であり、全世帯の4分の3は子どものいない世帯です。また子どものいる家族であっても、その平均児童数は1.72人で、1～2人の子どもを持つ家族が多いのです。

しかも、この減少傾向はこれからも続くといわれています。国や自治体は、少子化対策に力を入れていますが、とどまることはありません。このような家族における子どもの数の減少は子どもを産み育てにくい社会だといえます。

人間関係の方程式に、Ｎ（Ｎ－１）＝Ａというものがあります。Ｎは人の数で、Ａは人間関係の数を表します。たとえば3人いる集団であれば、3×（3－1）＝6となり、この集団では6通りの人間関係が成立していることを示しています。人数が増えれば増えるほど人間関係は増えて、それだけ多様なやりとりが成立することになります。

たとえば、父母2人と子ども3人いる5人家族ではどうでしょうか。5×（5－1）＝20通りの関係ができます。それに対して、父母2人と子どもが2人では、4×（4－1）＝12通りとなります。1人減るだけでこれだけの差があります。3世代同居家族が少なくなり、核家族化、少子化が進んだ今、この傾向はより顕著になります。

もちろん、人数が多ければいいわけではありませんし、家族の関係性がバラバラでは意味がありません。しかし、家族が小規模になるということは、人間関係の物理的な量が減ることになり、情・知・意を育む基礎が希薄になることを意味します。

このように、家族の人数が少なくなっている社会では、人間関係を家族内のみならず、外に求めていく必要があります。特に、子どもが一人っ子であればきょうだいに代わる友人がたくさんいる保育園や幼稚園などに求め、親も家族に代わる相談できる人を求めていくことで、人間関係を補完してくれます。

最近、子育て支援の場に参加しても、誰とも関係を持たず、親子で遊んで帰っていく現象が看られます。私はこれを「スーパーマーケット現象」と呼んでいます。マーケットに行って入り口でカゴを取り、必要なものをカゴに入れ、レジに行って黙ってお金を払って出てくる、まさに子育て支援に来るのもスーパーマーケットに買い物に行くのも同じ構図なのです。子どもには笑顔はなく、黙々と遊んでいます。この親子は日頃からあまり話はせず、静かな毎日なのでしょう。このように、環境が子どもに与える影響の大きさに驚か

されます。

昔は地域のなかにコミュニティがあり、自然になじみながら生活と子育てをすることができました。しかし、現代の子育ては意図的に求めなければこのような関係を築くことができないのです。

近年の離婚の増加も家族の小規模化に拍車をかけています。もちろん、離婚したとしても、その他の家族との関係機能がしっかりしていれば何の問題も起こりません。私の知っている家族は、一人息子が4歳の時に離婚しました。母一人での子育てが始まったのです。母親は当然働かなくては生活が成り立ちません。そこで実家の近くに住み、両親の支援を受けながら子育てをしています。息子は祖母からたっぷりの愛情をもらい、祖父から男として生きるすべを学びました。昼間は保育園で過ごし、祖母が迎えに来て、買い物に付き合い、帰ると祖父の膝のなかにうずまって相撲や野球の観戦をするのです。力士の名前や野球の選手や解説者まで覚えて、私に教えてくれます。

このような家族をみていると子育てには支援者が不可欠で、決して一人ではできない、むしろ両親のみの核家族より、様々な年代の人々と共にある環境こそが子どもの育みには必要なことだと思うのです。

これまで述べてきたように、子育ては一人でするには限界があります。子どもは社会の子どもとして社会全体で子育てを行っていく必要があります。子育てを支援してくれる立場の人は必ずいます。親、きょうだい、親戚、近所の方など思い描いてみましょう。それでも見つからない人は、地域の子育て支援の情報を集めましょう。頼もしい支援者が得られるかもしれません。

たくさんあれば、それぞれの特徴から自分に合った場を見つければよいのです。夫も忙しくなかなか手伝ってもらえない時は、夫に育児は面白いと興味を持ってもらうだけで、支援者になることもあります。

両親と子どもだけの核家族世帯では、いろんな年代の人と関わるチャンスをつくり、子どもが家族以外の人と交流できる環境が必要です。祖父母を含め、子育てを一緒に担ってくれる人は近くにいるのではないでしょうか。人間関係の方程式のN（人数）を家族以外に求め、豊かな人間関係のなかで子育てをしてほしいと願っています。

ただし、公的な支援の場や人は概ね安心ですが、ネットや親しく付き合っていない友人など見知らぬ人に頼むことは避けましょう。子どもを預けることは、子どもの生命を託すことです。子どもが傷つかず楽しい場を提供してくれる人と場であるかを見極めることが大切です。それでも困ったら、市役所や児童相談所、保健センターなど公的機関に問い合わせると教えてくれるので、億劫がらずトライしてみましょう。

子どもから「3間」がなくなる

現在、子どもの周りから「3間」がなくなったといわれます。「3間」とは、空間・時間・仲間のことです。学童期は、常に仲間と群れていることが自然なあり様だったのですが、現代は車社会となり小さな路地にも駐車場が並び、車が出入りするようになり、子どもが安心して遊ぶ場〈空間〉がなくなってしまいました。加えて、子どもたちは塾、習い事など忙しく、遊ぶ〈時間〉もありません。また、〈仲間〉と徒党を組んで遊ぶこともなくなりました。家庭生活以外の社会関係が狭くなってきているのです。

本来、子どもは集団の仲間関係によって、家庭では経験できない人間関係を学びます。子ども社会はギャング集団にあるように、ボスがいて子分はボスに従い、その集団におけるルールを守りながら統制されていく社会なのです。このため学童期のことをギャングエイジと呼んでいたのです。大人を排除し、子ども同士の連帯感を持ち、子どもにとって家族より結束された集団となります。しかし、今は、このような集団が全国どの地域においても存在していないといわれています。

現代の子どもの遊びの中心は電子機器のゲームが主流です。子どもは夢中でゲームに励みます。たとえゲームを幾人かでしたとしても、勝敗を競うだけで、ギャング集団のように多様な関係は生みづらくなっています。

このような、ゲーム中心の一人で没頭するような育ちをした子どもは、大人になって仕事に従事するようになった時、果たして人間関係を上手につくっていくことができるでしょうか。どんな大人になるのか、どんな社会をつくっていくか、今はまだ壮大な実験の最中だといえ、その結論はもう少し先を見なければならないでしょう。

ただし、今であっても「ちょっと人を殺してみたかった」「誰でもよかった」「衝動的にやった」などの言葉を凶悪な犯罪が起こるたびに耳にします。もちろん、このような現象をゲームの影響のみで語るには無理がありますが、今の子育てを将来の社会に当てはめて見直すことも必要なことと思うのです。

便利さが親子の生活を変える

子育てを取り巻く環境変化のなかで、私が今一番気になっているのは、携帯電話（スマートフォン）の普及です。今の子育て世代の母親は、携帯電話を使いながら育った世代です。この時代、ほとんど小学生は勉強机と個室を持ち、携帯電話やメールで友達と話をする経験をしています。昔のように家に1台の固定電話があり、テレビも居間に1台の時代にあったような、家族の団らんができにくい世代が親になっています。

家に1台の固定電話しかない時代は、家に子どもの友達から電話がかかってくると、親はそれを聞きながら、どんな友達がいるのか、どんな付き合いをしているのか、把握できました。しかし、現代の家族生活では親が子どもの社会関係を知ることができなくなったことを意味します。

携帯電話の普及は子どもの友達関係や学校生活、興味のあることや考えなどを親が知ることができない時代にしてしまいました。電話は家にあるものではなく携帯するものとなった今、昔のような生活に戻ることはできませんが、この便利な生活は、親と子どものコミュニケーションを希薄にしています。

家族という集団のなかにあって、それぞれがバラバラで生活することが可能になっています。食事時間もまちまちで子どもが一人で食事をする孤食が問題になっています。子どもが成長して小学校の高学年や中学生になると、家族のなかでの会話が少なくなり、親が子どもの社会関係をしっかりと意識して知ろうとしない限り見えなくなりました。

こんな時代だからこそ、乳幼児期にしっかりした親子の絆を築き、コミュニケーションに溢れた家庭をつくっておくことが大切になってくるのです。乳幼児期に親に甘え、たくさんの会話に満たされた子どもは、大きくなっても親に甘えることができ、話もできます。

最近の若者はコミュニケーション力が低下したといわれます。これは、家庭での会話の少なさの影響はないでしょうか。土台である情を育む機会が奪われているのです。楽しい会話に溢れた家庭を創り出すためには、家族が相互に関わり合い、何気ない日々の営みの積み重ねが大切です。

近年の生活は便利になりました。水道の水は手をかざせば流れ、トイレも前に立てばふたが開き、用を足せば自動で水が流れます。手を使う生活が奪われているといえます。もちろん、障がいや手に不自由がある人々にとっては画期的な発明です。しかし、健康な人間の生活にとって必要なものでしょうか。これでは生活のなかで獲得してきた身体の機能、感性が衰えていく一方です。人間が、とても不器用になっていくように思います。

また、人間は常に考えて行動しています。便利な生活は子どもから考える力も奪っているように思います。子どもの育みに必要なことを生活のなかで見直し、改善できることは積極的に取り入れて、豊かな子育て環境を創ってほしいのです。つまり、知と意を育む機会をもっと増やすべきだと思います。

スマートフォンなどの機器による子どもの健康被害

携帯電話、スマートフォンは「やめられない」「いつも手に持っていないと不安」など依存性が高く、習癖になっていることがあります。

平成26年8月に文部科学省は全国一斉の学力試験の結果と携帯電話・スマートフォンの使用時間との関連性を調査しました。その結果、小学生、中学生どちらも、使用時間が長いほど成績が低いことがわかりました。また、持っていない子どもの方が睡眠時間も長いということがわかりました。さらには、視力低下、無気力、睡眠障害などの健康被害の問題も指摘されています。

子どもにとっては、学年ごとの学習をしっかり身につけていくことが一番大切で、そのためには十分な睡眠も必要なことです。携帯電話やスマートフォンの使用について、習慣性・依存性となった子どもは自身でコントロールすることはできないので、大人がルールをつくり統制していくことが必要となります。

だからこそ、このような状態に陥る前に日頃から家族で話し合い、子どもの考えを聴きながら親子でルールをつくり、メディア機器に縛られない、ゆったりとした生活を創り出すことが必要です。メディア機器は子どもの時間を奪い、人間関係を持たない生活をつくり出し、人と関わる力を脆弱にしていることに気づいてほしいのです。

子どもの健康を守ることにおいて、子どもの生活を見直すことが今、求められていると思います。

Ⅱ　現代の親たちの課題

自信を持てない親たち

子育て支援をしていると、母親の悩みや苦悩を打ち明けられることがあります。今や母親の7割が育児にプレッシャーを感じているといわれています。そのプレッシャーの主な

ものは「いい母プレッシャー」だそうです。

「お母さんだから」とか「子育ては貴女の仕事」など家族や周囲の人々から投げかけられる言葉にプレッシャーを感じるといいます。特に幼い子どもの育児は、昼夜を問わず子どもの要求に応じていくことであり、今までの自分本位の生活から一転して子どものために自分を犠牲にしているように感じているようです。そして、それは誰からのプレッシャーかと問われると、姑や実母、ママ友などを抑えて「自分から」というのが一番多いそうです（自分＝54.2％、ママ友＝20.9％、姑＝19.5％、実母＝18.7％、子ども＝18.3％、夫＝18％、ＮＨＫ番組による調査、複数回答）。

自分からというのはどのようなことでしょう。「キャラ弁ができない私はダメ」「子どもに躾ができない私はダメ」など他者から言われるのではなく、自分で自分を否定しているということです。このような状況のなかでは子育てが楽しいはずがありません。心に余裕のないなかで子どもと関わることで、さらにプレッシャーとなってのしかかってきます。

一方で、夫に「妻はよい母親であるか」を尋ねると66.8％が「よい母である」と答えています。その理由は「子どもが普通に育っている」「母親は懸命に子育てしている」でした。この意識調査の結果は、夫と妻の間にズレが生じていることを示しています。夫婦がお互いに気持ちを伝い合えていない結果であり残念に思います。

以前、「私は虐待をしている」という母親からの相談を受けたことがありました。話を聴いてみると、3人きょうだいのうち自分だけが大学に行かず、実母から「あなたはバカだから大学にもいっていない、だから子育てはしっかりやらないと」というメッセージを言われ続け、2歳の息子が言うことを聞かないとき叩いてしまったというものでした。とっても可愛い2歳の子どもは母親に抱かれニコニコしています。私は「こんなに可愛く育っているのは、お母さんの愛情がいっぱいだから。大丈夫しっかり子育てできている」と伝えました。するとその母親は「そんなこと言われたのは初めてだ」と泣きだしました。この母親もいい母プレッシャーに押しつぶされていたのだと思います。

今の子どもは自己肯定感が低いといわれていますが、母親世代の人々もこの自己肯定感が獲得できないまま親になってしまった人が多くいるのだと思います。

私が子育て支援のなかで大切にしていることは、母親に〈自信を持って子どもを育てていく強さをもってほしい〉、〈貴女らしい子育てをしてほしい〉というメッセージです。キャラ弁なんてできなくたっていい、躾もある程度できればいいと気持ちを切り替えてほしいのです。

あるお母さんは、今流行のキャラ弁を朝早く起きて作って幼稚園の娘に持たせたそうです。帰ってきた娘はお弁当を残し、元気なくお弁当箱を出しました。お母さんがどうして食べなかったのかを聞くと「お母さん、もうキャラ弁はやめて、だってかわいそうで食べられない」と言ったそうです。私はその子に大きな拍手を送りました。そんな風に思える素直な感性を持って、とても優しく育っていることが本当に嬉しかったのです。

親が子どもによかれと思っていても、受け止める子どもがどう感じるかは違うのです。親になったどんな人でも100％親の言いなりには育っていない。たぶん、どんな人でも親に反発したり、反抗したりして今の自分を創ってきたと思うのです。

経済成長の歯車にされる親たち

また別のプレッシャーがあります。「仕事をしないとプレッシャー」です。

今の待機児童対策、共働き家族の支援、各種の施策を見ていると、国を挙げて母親を仕事に駆り立てようとしていることがわかります。母親のなかには、経済的に厳しい状況もあって、本当なら「小さいうちは子どもを自分の手元で育てたい」という思いを持っていても、世の中の風潮がそれを許してはくれない、仕事をしなければというプレッシャーに悩まされている人もいます。

多くの母親から仕事の復帰や保育園についての相談を受けます。その時、「お母さんは、本当はどうしたい？」とはっきりと聴くようにしています。夫や姑などの周りの意見ではなく、主体は母親だからです。フルタイムで仕事をこなしていた人で、出産を機に仕事を辞めた母親には、早く仕事に復帰したいという人もいるでしょう。一方で「自分は仕事をしたいとは思わない」「もう少し子育てをしていたい」と思っている母親もいます。

子どもが生まれ家族構成が変化した時、家族の役割や機能について夫婦を中心に話し合うことが大切です。この時、決して他者との比較ではなく、それぞれの家族が幸せになるためにどんな家庭を創りたいかを中心に話し合いたいものです。

母親には、いろいろなプレッシャーを跳ね除けて自分の意見を持ち、子どもと一緒の時には子どもと楽しい時間を過ごしてほしいのです。

保育園、幼稚園にはいつから行かせるべきか

子どもは、3歳までは一緒に遊んでいても平行遊びといって一緒には遊んでいません。同じ道具を使い、同じ場所で遊んでいても、共同して遊ぶことはありません。そのため、3歳までは「貸して」「どうぞ」などの貸し借りや譲り合いはできず、喧嘩のほとんどの原因は物の取り合いです。そのような社会性が十分に育って、子どもの多くいる集団のなかで、我が子が安心して楽しめるのは3歳を過ぎてからと考えられ、幼稚園は3歳児以降が対象としていました。一方で保育園は母親の就労支援の場であり、産休明けから預かって生活を支える場でした。保育園は母親が就労の間、保育士という専門職が母親に代わって養育をする場です。一定数以上の保育者が関わることで、生活と遊びが保障されていました。

しかし現在、幼稚園、保育所両方の機能を持つ「認定こども園」ができ、子どもを養育

する場が拡大しています。また、幼稚園にも年少未満を対象とするクラス（2歳児クラス）をもつ園もできています。

前述したとおり、社会的には女性の就労を推進する動きがあり、働く母親が求められています。

両親ともに働くことが必要な家庭の場合、私は、3歳までは親子の時間を大切にすること、集団生活になじむということを考えるなら、3歳からでも遅くないということは明確に伝えています。こういうことを言うと、母親だけに子育てを押し付けようとする古い考えだと言われそうです。しかし、子どもにとっては小さければ小さいほど、母親などの信頼できる身近な家族とたっぷりと関わることが大切です。発育の節目でも述べたように、この時期は情を育む大切な時期であり、母と子の関係は、相互作用を繰り返すなかで成立していきます。人間関係の基礎を育む時期なのです。

一方で、私の周りにも共働き夫婦はたくさんいて、子どもを保育園に迎えに行って、家に着くと1時間位じゃれ合う時間を意図的につくっている人もいます。そうした家族の子育てを見ていると、子どもとの関わりで大切なことは、時間の長さだけでなく質が大切ということに気づかされます。

子どもと対等に喧嘩したり、遊んだり、そんな生活が子どもには大切なのです。親も子どもも大切なのは、その人にとって自然体であるということです。怒りたい時は怒り、泣きたい時は泣いてストレスを発散する。そして、子どもがどんな大人になってほしいか、子どもはどうしたいのかを親子で確認しながら子育てを楽しむことです。

子どもは常に成長発達しているので、次の瞬間にはもう変化しています。だからこそ「今」を大切にしてほしいと思います。家族が幸せであることが、子どもにとっての最高の環境だといえるのです。

「幸福」という概念は主観です。自分が「幸福」と思わなければ意味がありません。自分がいる家族にとって「幸福」とは何かをもう一度考えてみることが大切です。

それぞれの家族の価値観や生活観から、保育園や幼稚園にいつから入れたらよいか決定するのがよいでしょう。周りの状況に振り回されず、我が家の子育てにとって優先すべきことを考え、夫婦で納得できる方策を考えてほしいです。

他の子の親とうまく付き合えない

ママ友が欲しいと子育て支援の場に参加する親子がいます。一人で子どもと向き合っていると不安になる、同じ境遇の子育てを経験している友達が欲しいのです。しかし、求めても人には性格や考えがあるので、なかなかうまくいきません。人には相性があるのです。付き合っているうちに合わせていくことが苦になることもあるでしょう。ちょっと距離を置いて付き合っていく関係がよいと思います。そして何より大切なのは子ども同士の相性です。子どもが友達として仲良くできる相手であれば、親は子どもの関係から広げていけると思います。子どもは親の態度や視線をよく見ています。子が楽しそうにしていれば、親の心もほどけていきます。私は子育て支援の場で人見知りの強い子どもには決して声をかけず、お母さんと仲良く話をします。すると子どもは安心するのか自ら関わりを求めてきます。そんな子どもの姿を見て親も安心して、子育て支援の場に来るようになっていきます。子育ては毎日の繰り返しのなかでの営みです。無理をせず、親子で安心の場を見つけていけばよいのです。

Ⅲ　変わる子育て、変わらない子育て

子育ての世代間ギャップ

「十年ひと昔」という諺があるように、20年はふた昔ですから、この間に社会はどんどん変化するのです。紙おむつや育児用品など一昔前の間に子育ては大きく変化しています。祖父母世代にとっては、この新しい現代の子育ては脅威かもしれません。今まで子育ての常識と思っていたことが通用せずに、「おばあちゃんは古い」などと言われて落ち込んでいる人は少なくありません。

子育て中のお母さんたちと会話をすると、必ず姑の話になります。子育て中の母親にとっては、時代に合わない子育て法を押し付けられるのはとっても困るというのです。今の産院や保健所では「断乳・卒乳は無理にしなくてよい。子どもが自然と離れていくまでは、おっぱいはあげてよい」と教えられるのに、姑や実母から「まだおっぱい飲ましているの?」と責められ、どうしてよいかわからないと質問を受けます。

時代が変わり考えや生活様式が変われば、その営みも変わってくるのは当然です。私は若い母親に「姑や実母の言葉は否定するのではなく、ありがたくいただきながら、自分はどうしたいか、これからの生活も考えて決めるのが大切」と伝えるようにしています。祖母世代の言葉には、昔からの知恵が豊富に含まれています。そこから学ぶことはたくさんありながらも、子育ての主体は子どもとその親であり、その基盤はしっかり持ってほしいと思うのです。

自然環境が少なくなっている

子どもは自然のなかで伸び伸び育つことがよいと多くの人は思っています。しかし、現代の社会においては自然のなかでの子育ては難しいことが多くあります。

子どもは家にいるより外が好きです。それは、お日様や風のささやきなど自然のなかに身を置くことで感じる心がゆれるのでしょう。雨の日だって傘をさしてかっぱを着ても外

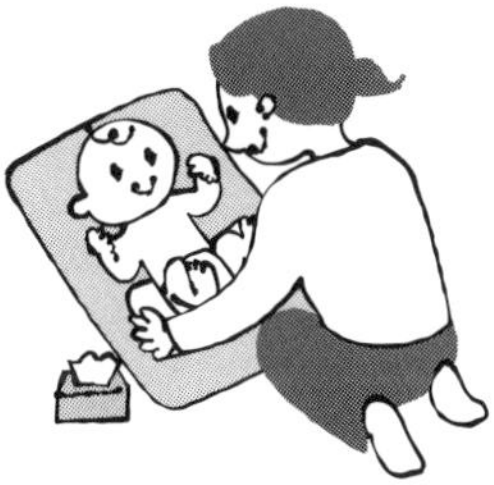

へ行きたいのです。平成26年にデング熱が都会に蔓延しました。公園は封鎖され、多くの消毒薬が散布される報道が毎日流されました。私は子どもにとって大切な自然が壊されていく姿に心を痛めました。消毒薬は害虫や病原菌を殺しますが、人間にとって必要な生態系も壊されていくのです。幸いに季節が秋から冬へと変わったことで、デング熱も終息したのですが、またどんな感染症が人々を脅かすかはわかりません。自然を守りながらうまく調和していくことが必要なことと思います。

都会のビルのなかでも虫は秋になれば泣き声が聴かれ、草も花もけなげに芽を出しています。都会のなかでも公園に行けば自然に出会うことができます。このように考えてみると、どんな環境で子どもを育てていくかを考えていくことは大切なことと思います。

おむつはずしの今と昔から見える躾の本質

子どもがトイレで排泄ができるようになるためには、適切な時期に適切な躾が必要です。昔は「おむつはずし」ということにお母さんたちは躍起になっていました。特に布おむつで子育てをしていた時代には、子どもが1歳を過ぎた頃から排泄の躾を始めるお母さんたちが多かったのです。

日本の文化のなかで排泄は非常に忌み嫌うもので、トイレのことを昔は「ご不浄」と言っていました。不浄の場であり、昔の家ではトイレは、だいたい北側の廊下の隅っこの薄暗いところにありました。もっと昔に戻れば川の下流のほとりにあったり、家の外にあったりと、人目に触れないようなところにありました。このようななか、日本の子どもは早く自立して自分で排泄できるよう躾けられ、ちゃんとトイレで用を足すという文化をずっと背負って来ていました。

排泄の神経回路は、おおよそ2歳を過ぎた頃に完成するので、1歳での排泄の自立は無理があり、ほとんどは反射によって排泄していたと思われます。この頃はもちろん水洗トイレではなかったのでトイレは子どもにとっては危険な場所でもありました。それまでのトイレというのは暗くて不潔で子どもがそこに落ちないようにと、いろいろ工夫も必要だったのです。しかし、今や下水道の設備が普及し、ほとんどの家庭が水洗の洋式トイレになりました。電気も煌々と明るく非常にきれいなカラフルなトイレになりました。こんななかにあって紙おむつが普及したのです。

このため今のお母さんたちはあまり「おむつはずし」に躍起になっていません。紙おむつは洗濯をしなくてよいので天気も関係ありません。「いつかは取れるからいいわ」という気持ちの母親たちが増えてきたと思います。それよりも、おむつがはずれる過程において、買い物の最中に突然「おしっこ」と言われてあわてたり、困ったりの方が母親にとっては難題なのです。

私の知り合いで、この間「やっとおむつが取れた」という報告を受けた子どもは2歳9

ヶ月の女の子、何度か教えてはいたが全然ダメで「いつかは取れるでしょう」と思っていたというのです。私は興味があったので「どうやって取れたの」と尋ねたところ、ある日突如「私はトイレに行く」と言い「え、大丈夫?」って言ったら「うん」と言ってトイレに行って、母親がわからないように見ていると、ちゃんとできたといいます。その子はトイレから出てくるなり「もうおむつはいらないから。パンツをはく」と言ったというのです。2歳9か月ですから言葉はほとんど大人と同じようにしゃべれるし、理解もできます。何でこの子はおむつだけが取れないのだろうと思っていたところ、ある日、親が教えなくともおむつはずしが成功したのです。

こういうケースに出会うと、昔のお母さんたちが躍起になってきた「おむつはずし」は何だったのかと考えさせられ、日本の子育ても変わってきたのだと思いました。私がここで言いたいのは、躾を「子どもが身を美しくこなせるようになること、その社会のなかで一応、よいとされている生活に適応して子ども自らが社会に通用する技術を身につけ、できるようになること」と解釈すれば、躾の時期は、子どもと親が発育のプロセスのなかで決めていくものであるということなのです。虐待といえるような、叩いたり怒鳴ったりということは子育てのプロセスのなかでは必要でありません。

親は、いつかはできるようになると信じて待つことも大切だと思うのです。育児雑誌にはどうやったらおむつが取れるかなど、子育てのマニュアルがいっぱい書いてあります。

しかし、むしろ、そうではなく「子どもがもともと持っている力を活かしながら、うまく世の中で生きていけるような人間にしていくこと」と思うと「躾」はずいぶん楽になると思います。

清潔志向が子どもの抵抗力の獲得を妨げる

最近の清潔志向は子どもの健康に大きく関わっています。様々な抗菌グッズが売られています。布を消臭、抗菌するスプレーや薬用ハンドソープ、抗菌ボールペンなどテレビのコマーシャルで流され、店先に並んでいます。

私たちが接している空気のなかにもたくさんの菌が存在しています。手やのど、鼻腔など外界に接触している部分には多くの細菌が付着しているのです。人間の皮膚は菌の侵入を妨げるよう弱酸性であり菌が繁殖できないような構造になっています。さらにお腹のなかには腸内細菌叢《そう》といって多くの菌が存在しているのです。昔から人間は細菌と共存して生きてきました。共存しながら生きていくので、皮膚を鍛え免疫力を向上する生活が大切なことです。

最近、子どものなかに多くのアレルギーの子どもがいることを実感します。昭和55年頃からアレルギーの子どもが増えたのは、実は子どもたちのお腹に回虫や蟯虫《ぎょうちゅう》などの寄生虫がいなくなったことと関係があるという仮説があります。アレルギーとは「ある物質によ

って引き起こされる抗原特異的な免疫学的機序を介して生体にとって不利益な症状が惹起《じゃっき》される現象」とされています。この免疫学的機序に関与しているのがＩｇＥ抗体で、この抗体は誰でもが持っている免疫抗体の一つです。ＩｇＥ抗体は本来、寄生虫やダニに対する防御反応に関与していました。しかし、近年、寄生虫はまったく存在しなくなったので、特定の食品やダニなどに反応してアレルギーを起こすことになったのです。アレルギーの正体はＩｇＥ抗体が増えることなのです。

　アレルギーは家庭的な遺伝素因といって、家族的になりやすい体質を背負っていることが多いのですが、非ＩｇＥ性のアレルギーという家族的な体質がない家族にも起こることがあるのです。また、最近の小学校や保育園でシラミが発生していることがあります。シラミも寄生虫と同様に昔は多くの子どもたちが感染していました。子どもの感染症は「はしか」や「水痘」「インフルエンザ」など昔からありましたが、現在の発病の猛威は大変な脅かしとなっています。

　また、Ｏ１５７や鳥インフルエンザ、ノロウイルスによる胃腸炎などの新しい感染症に加え、昔からあって今や日本には感染者がいなくなったデング熱、エボラ出血熱など世界を震撼させる感染患者が発症しています。子どもの病気に対する抵抗力（免疫力）は、病気になりながら獲得していきます。大人と同じ免疫力を獲得するのはおおよそ8歳といわれています。病気にならないよう個人の免疫力を上げるためには病気に負けない身体づくりが必要です。

予防接種を受けて予防することも大切ですが、予防接種はおおよそ10～20年で抗体価が下がってきます。このため追加摂取が必要になります。子どもの遊びで大好きな砂場もウイルスや細菌が繁殖しているということで撤去され、消毒や抗菌によって感染の機会を絶つことで予防はできますが、細菌やウイルスに接しない環境が子どもの抵抗力を弱めていることは事実です。ある程度の細菌やウイルスと共存して生きていける抵抗力を獲得できる環境もまた見直されることが必要なことと思います。アレルギー体質は持っていても、抗原を身体に入れない生活から抗原に徐々に慣れさせていくことで克服することができます。この治療法や生活については、医療機関や専門機関で相談して、家族でうまく生活できる方法を見つけてほしいと思います。皮膚を鍛え戸外でどろまみれで遊べる子どもの身体づくりが大切なことと思っています。

予防接種について

平成6年から予防接種法が改定となり、予防接種は「強制接種」から「奨励接種」に変更されました。このことにより、親が予防接種を受けるか、受けないかを判断しなければならなくなりました。最近はその副反応を心配して、接種することを躊躇《ちゅうちょ》することもマスコミによって報道されています。

このような理由で予防接種に対して困惑する親が多いのだと思います。そもそも人間は病気と闘いながら様々な策を講じ生き抜いてきました。

予防接種とは病原菌を弱毒したり死活化したりして、体内に入れ軽い病気の状態にし、免疫力をつくるものです。しかし、もともと菌を弱めているため、その免疫力は10年から20年経つうちに薄まり、再度接種が必要になります。大学生が「はしか」や「おたふく風邪」などに罹《かか》り話題になったのも最近のことです。このことは、昔は病気に罹って獲得してきた免疫力とは異なる病気の成り立ちを意味します。

予防接種によって育ってきた若者がほとんどの時代になったということです。予防接種は病原体を身体のなかに入れることなので、当然その副反応は表れてきます。病気によって後遺症を併発する頻度と副反応によって後遺症を残す頻度はほぼ同じと考えられています。今やほとんどが予防接種によって免疫力を得ている時代なので、我が子にあえて受けさせないという選択は、賢いこととは思いません。

しかし、感染予防の3要素の感染経路を絶つ、菌を死滅させる、菌に負けない身体をつくるが実行できれば感染から身を守ることができます。でもこの3要素を生活のなかで創り出すのは難しいことです。

子どもは生まれた時は母親から移行免疫をもらってきます。それは6か月から9か月を過ぎた頃には使い果たし、日常的に菌に触れて自分の免疫力をつくり上げ、8歳でほぼ大人と同じ免疫力を身につけます。幼少の子どもはたくさんの病気をしながら、やがて病気にならない身体になっていくのです。予防接種のほとんどは、この免疫力が未熟な乳幼児期に受けることになるので、受けた方が賢明な選択と思います。

一方で、予防接種によって獲得した免疫は限界があるので、適当な時期に抗体検査を受け、追加接種することを忘れずに子どもに伝えてください。受ける、受けないは自由です。しかし、予防接種も親が子どもに与える健康へのプレゼントなので、賢い判断が求められます。子どもの状態で心配があれば小児科医と相談して決断することも必要なことと思います。

第四章

健やかに子どもを育む

Ⅰ　遊びが子どもを育む

子どもは遊びを通して知恵を働かせ社会性を身につける

私は小児科で臨床看護師をしている時、病気の子どもにつらいことばかりでない、時には楽しい時もあってほしいと思っていました。看護学のカリキュラムでは子どもに関わる講義は十分ではなく、絵本も上手に読んであげたい、歌も上手に唄いたい、学童の勉強も教えてあげたいと考え、大学に入り直し幼児教育を学び幼稚園と小学校の教員免許を取得しました。

幼児教育を学ぶうち、子どもにとって遊びは生活そのものであり不可欠なものであると実感しました。子どもが病気になって入院していても、遊びを子どもから奪ってはいけないと考えるようになりました。医療の現場では治療が最優先です。治療の期間は子どもから遊びを奪い治療のため安静を強いることもあるのです。しかし、子どもにとって遊べないことは生活を脅かすことになると思うのです。病気であれ、健康であれ子どもの生活から遊びを奪ってはいけないのです。

看護師の私にできる独自の子育て支援をしたいと思っていた私は、子どもの遊びを発展させる道具としてのおもちゃについて資料を集め、多田千尋氏が館長を務める「東京おもちゃ美術館」との交流を深めてきました。そして「仕事は〈遊び〉ではないのだから」「こんな〈おもちゃ〉みたいなものを買って」など遊びやおもちゃに対して卑下する表現が多いなか、英語ではスポーツも芸術活動も遊びもすべて「プレイ(play)」であると学びました。

この美術館にはグッド・トイ委員会があり、毎年子どもにとって優良なおもちゃを認定しています。私は、グッド・トイについてもっと知りたいと、平成17年に、宮崎市で東京おもちゃ美術館と協働でグッド・トイ展を開催しました。グッド・トイで目をキラキラ輝かせて夢中で遊ぶ子どもたちを看て、これを子育て支援に取り入れたいと考えるようになりました。

それ以来、たくさんの優良なおもちゃを集め、病気の子どもには臨床に、健康な子どもには子育て支援の場に持ち込み、親におもちゃの与え方や遊び方などを紹介しながら、親子で楽しく遊ぶ場、親が子どもの持てる力を発見する場、「おもちゃ広場」を開設しました。

赤ちゃんは物がつかめるようになると、手に触れたものは必ず舐めて確かめます。これは口の感覚が手の感覚より先に発達するためで赤ちゃんにとっては大切な行動です。この頃の赤ちゃんが喜んで遊ぶものは、お鍋のふたや、しゃもじなど舐めても安全で身近なものなら何でもよいのです。

むしろ、既成のおもちゃより鍋の奏でる音やしゃもじなどの木製の味などが好みのようです。母親と手や声を使って遊ぶこと、これも赤ちゃんは大好きです。「いないいないばー」や昔から伝承された手遊び歌など、母親とのコミュニケーションが広がっていきます。

赤ちゃんにとっては日常の目や手に触れるものすべてが「おもちゃ」であり、親子で楽しく遊ぶことは、子どもの発育には不可欠なものです。しかし、日用品だけではいつか飽きてしまうので、子どもにとって優良なおもちゃを生活のなかに加えると遊びの幅が広がります。はじめは手に触れたおもちゃに誘われて遊ぶことを楽しみ、やがて、おもちゃを活かして遊ぶようになります。

子どもの活動はすべて遊びであると実感します。

育児相談や育児支援は行政や民間団体などで様々に行われています。そのなかで、私は親子の育みを支援するために、これまでの学びを生かして「おもちゃ広場」を運営し、そのなかで、子育て相談や季節の行事などを取り入れて親子で楽しく遊べる場を提供しています。

なぜおもちゃか

私が活動する「おもちゃ広場」は子どもにとって有用なおもちゃを集め、親子で楽しむ場と考えています。おもちゃは親子をつなぐ媒体であり、親も楽しめなければ喜びを双方に見出すことはできないと考えています。

子どもはおもちゃを見るとやってみたい、触ってみたいと好奇心が開花します。そして、

〈やってみたい〉気持ちを触発し喜ぶ姿を親が観ることで、わが子の成長を実感し嬉しくなるのです。おもちゃは触って発見があり、何度も働きかけその繰り返しが嬉しいのです。家にはないおもちゃと広場で出会うことは子どもの心をワクワクさせています。

「おもちゃ広場」で遊んでいる親子を観察していると、母親が他の親とおしゃべりに夢中になっていると、子どもは自分の発見を知らせたくて母親を誘います。それでも母親が子どもに向き合わないと、子どもは猛烈なアタックを仕掛けていきます。親子で遊びたいのです。もちろん親同士の交流の場でもあるので、それも大事なのですが、子どもは親との交流を望んでいるのです。「どれどれ」とか「すごい！」などの親の反応を引き出すことで、子どもの達成感や満足感を得ているのだと思います。

おもちゃは手を使わないと動かないものを集めています。子どもが口に入れて感触を楽しみ、仕掛けて動かし発見があることで子どもは満足しています。多くある木製のおもちゃは母親も興味津々です。大きいものは邪魔だし、高価なので家には置けない。でもここに来れば親子で堪能できる、そんな楽しみな場でありたいと思っています。

一方で、子どもは木製でもプラスチックでもどちらでもこだわりはないようです。手にしたおもちゃが子どものすべてなのです。高価なものよりシンプルなおもちゃを好むこともあります。私も時々、子どもから教えられることがあります。大人が購入に失敗と思ったものが、意外と子どもには人気のおもちゃであったり、よいと思ったおもちゃが人気なく置いておかれていたりすることがあります。

連結して遊ぶ機関車のおもちゃがあります。人気のおもちゃですが、いつも取り合いになります。3台から6台にしました。それでも取り合いします。10台にしました。それでも取り合いになります。台数を増やしても全部をつなげて遊びたい。1台だって貸したくないのです。これが、子どもの気持ちです。しかし、そんな子どもでも、満足すれば次の遊びに移っていくので、それを、次の子どもが遊ぶチャンスにします。みんなが楽しむ方法は必ずあるのです。

おもちゃの遊び方は自由です。「これはこうするの」と教えたがりの母親もいますが、その時は「どうするか見守ってみましょう」と声をかけます。そして、子どもの満足した笑顔を一緒に喜ぶこともあるのです。いくつかのおもちゃを使って遊んでもよいし、まったく違った遊び方を発見できるのも楽しいものです。

3歳までの子どもはおもちゃの取り合いで喧嘩もあります。なかなか譲ることはできないので、無理やり取ってしまいます。取られた方は悔しさを体験し、取った方は泣いている子を見て「どうして?」と見ています。自分の行為の意味がわかりません。母親の「ほら○○ちゃんが泣いてしまったよ」などの促しで「ごめんなさい」と謝罪の気持ちが出るのです。このような関係は親子だけの家庭のなかでは体験できないものです。喧嘩もまた子どもを成長させる体験となるのだと思います。

遊びは心の栄養

3歳までに神経系をまとめる脳は、大きく変化するので乳幼児期の子育ては脳を育てているといっても過言ではありません。

身体は子どもに見合った食事を与え適度な運動をすれば育ちます。食事は親が子どもの発達段階に応じて選んで与えることで、身体に取り込み、栄養となり子どもの身体を成長させていきます。おもちゃも同じで、子どもの成長に合わせて親が与えるもので、おもちゃは脳を発達させる心の栄養であると考えています。

親が子どもに語りかけ、微笑み、抱っこして愛撫するなど、脳に様々な刺激を与えることで、脳のネットワークが構築されていきます。遊びの活動を通して、子どもは人間としての生活習慣や知恵を学んでいき、やがて自分で生活を創り出せるようになっていくのです。特に、幼少期の子どもにとって、遊びはまさに脳を育んでいく上で不可欠な活動なのです。

子どもの発達とおもちゃの役割

近年の便利な生活は、子どもの考える力、感じる力、人と関わる力を奪っています。そのため、おもちゃ広場では、目と手を協同しながら自分で考えて工夫して、他者と関わり遊べるおもちゃを集めています。

子どもは幼少期におもちゃと出会い、初めはおもちゃに誘われて遊んでいますが、やがて知恵がつくとおもちゃを活かして遊びます。おもちゃにはそれぞれ役割があり、グループにわけることができます。木馬や庭にある遊具などは運動遊びグループ、砂場や数名で競うゲームなどは協同・競争遊びグループになります。人形やままごとなどは模倣・想像遊びグループ、ＣＤ、ＤＶＤ、テレビやピアノなどの楽器は受容遊びグループ、積木やパズルなどは構成遊びグループです。

おもちゃをグループに分け役割を明らかにしたのは、発達のどの部分に効果的なおもちゃであるかをまとめました。おもちゃにも役割があり与える時期があるのです。おもちゃも栄養と同じで、グループごとのおもちゃをバランスよく与え、発達を促すために様々なおもちゃで遊ぶ体験は不可欠です。

時代が変わっても、今も子どもに与えるべき大切なおもちゃはあるのです。おもちゃ広場では、親がおもちゃの役割を知って親子で楽しい時間が過ごせるような、おもちゃとの出会いを大切にしています。また、広場では挨拶することや「貸して」、「どうぞ」などの譲り合う関係から子ども同士、他者との関係をつくるなど社会性を広げることも大切にしています。

はじめは口を利かない親子も、挨拶や楽しい会話に誘われて自然と雰囲気になじんでいるようです。また、おもちゃ広場にあるおもちゃには遊び方に決まりがありません。子どもが自由に想像豊かに遊んでくれることを大切にしています。このようななかから親は子どもの持つ力を発見し、子どもの発達の姿を確認しているのだと思います。

おもちゃは今溢れるほど多く、何を選んで子どもに与えたらよいかは両親、祖父母の関心事です。子どもが夢中でおもちゃと遊ぶ姿から、子どもの興味のあるものを発見し、子どもに与えるおもちゃのヒントを得、発育段階に合った遊びを見直すチャンスにもなっています。

「おもちゃ広場」で展開される子育て支援は、「親も子どもも楽しく」をモットーにしています。親も夢中で遊び、子どもの成長を知る機会ともなっています。子どもを他の子どもと比較するのではなく、他の子どもの発達から我が子を観ることで、我が子の成長に気づく機会となっています。また、ママ友を得る、情報交換するなど親子にとって有意義な時間と場となることを願っています。

おもちゃ広場のスタッフは看護師・保健師・おもちゃコンサルタントなど子どもに興味・関心を持つ者がお互いに情報交換しながら日々の活動をしています。毎回参加する親子、時々参加の親子と参加は自由ですが、参加される親子の姿からスタッフは子どもの運動能力の発達や言語の発達、遊び方の変化や母親の子どもへの対応などを学ぶ機会となっています。また活動を通して他のスタッフの対応や関わり方から学ぶことも多く、自分の専門性を生かし考えを発展させ活動の幅を広げる場にもなっています。

おもちゃ広場は情報交換の場

私の開催する「おもちゃ広場」に参加する子どもはほとんどが0歳から3歳までの親子で、保育園や幼稚園に入園する前の子どもたちです。子どもが小さいうちは母親も育児に不慣れで、相談したいことがあったり、子どもとの遊び方がわからなかったり、上のお子さんのことが気になって参加したりなど、動機や背景は多様です。

また、「おもちゃ広場」は親子で遊ぶだけではなく、子育ての情報交換の場でもあります。先輩お母さんの子育て経験やお母さんたちが持つ子育て情報、他の子どもを看て自分の子どもの成長に気づくなど、主催している支援者も含め、すべてが子どもの育ちに必要な情報なのです。

子どもと接する機会がなく、子どもとどのように遊んだらよいかわからないという母親もいます。このような母親も他の親子が遊んでいる様子を見ることで、やがて親子の遊びが始まるのです。私の主催する「おもちゃ広場」は小規模な家庭的な雰囲気です。人と関わることが苦手の母親、母親ばかりの場に入りにくい「子育てお父さん」も気軽に参加しています。はじめは、おもちゃで黙々と遊んでいた親子も自然と他者と関わるようになり話が弾みます。もちろん、私に相談することもあります。その時には参加している親子全員に話すようにしています。相談の内容は皆さんも困っていることが多いのです。初めての参加で緊張している親子もやがて打ち解け笑顔で参加できるような場となるよう心がけています。子育て支援は親子で心の栄養が満たされ、親子の絆を深め、これからの生活が活き活きとなることを願って開催しています。

情・知・意とおもちゃ

どんなおもちゃを与えたらよいかという質問がよくあります。年齢によって与えるおもちゃは変化し、それぞれに発達を助ける役割があります。乳児の頃は母親との相互作用のなかで〈情〉を育むので、それを助ける感覚誘発おもちゃがあります。

ガラガラやおしゃぶり、オルゴールメリーなど音や動きなどを楽しむおもちゃです。1歳になると歩行ができるようになるので、運動遊びが中心になります。発達では〈知〉を育む時期であり、水や砂などの自然のもの、玉落としや風船、ボールなど自分で手をかければ動くおもちゃを飽きずに何度も繰り返して遊びます。

また、CDや絵本などの受容遊び（与えられて楽しむおもちゃ）を楽しみます。2歳になると〈意〉が芽生えるので、お友達と一緒に遊んでもおもちゃの取り合いの喧嘩が見られるようになりますが、これも人間関係を学ぶ大切な基礎をつくるので、危険がない範囲で見守りましょう。取られて悔しい思いやお友達が泣いちゃったから悪かったなど気持ちを伝えることで、してよいことと悪いことを学んでいきます。

3歳になるとお友達と一緒に遊べるようになるので協同して子ども同士で遊べる「ごっ

こ遊び」やルールのある遊びを楽しみます。子どもたちでルールをつくったり、遊びを創り出したりします。構成遊びでブロックや積木など共同して大きな作品をつくったりします。このように発達に応じたおもちゃを大人が選んで与えていくことが大切です。子どもの要求に応じるばかりでは切りがないので、おもちゃは選んで与えましょう。おもちゃで遊べる施設などに行って、子どもがどんなおもちゃに興味を持ち遊ぶかを観察するのもよい方法です。おもちゃは心の栄養なので大人が選んで与えていくことだと思っています。

Ⅱ　楽しい家庭を築くために

ストロークを生かして楽しい子育てを

子どもを健やかに育むために、家族関係の大切さをこれまで話してきました。でも、日々の生活のなかで家庭内にもストレスを感じることが多くあります。経済的なことや夫婦の不和など家庭内の人間関係も複雑です。ここからは楽しく子育てをするために活用できる臨床心理学のストロークについてお話しします。

ストロークとは、一般にはテニスやバドミントンなどボールを軽く打つことをいいますが、心理学では人と人の関係でのやり取り、関わり合いをいいます。

ストロークには肯定的なストロークと否定的なストロークがあります。肯定的ストロークは褒める、承認するなど受け取ったら嬉しいものです。否定的ストロークは殴る、蹴る、皮肉を言うなどですが、無意識に使っていることも多いのではないでしょうか。否定的ストロークはないよりはあった方がよいのですが、むしろ、肯定的ストロークを中心とした人間関係が望ましいでしょう。夫婦関係も親子関係も嫁姑関係なども、どんな関係においても肯定的なストロークが多くある関係は良好な関係です。

母親が抱えがちなプレッシャーも、このストロークをうまく活用して関係を修復することで円滑にいくことがあると思います。家庭内の関係だけに限らず、職場の人間関係、ママ友の関係など人と人が関わる場面において有効に使いましょう。

それは、「過去と人は変えられない」ということです。「あの時ああすればよかった」とか「あの人がもっとわかってくれていれば」など日常でよく考えてしまうことです。でもそれはどんなに願っても意味がないことです。過去や人を思い悩むのではなく、自分が変わること、そうすれば、人もまた変わっていくのです。私は人間関係に悩む時、呪文のように「過去と人は変えられない」と言って、どうしたらよいかを考えるようにしています。そして、このストロークを生かして関わることで、新しい関係が築けることがあるのです。

家族のなかにストロークの貯金を増やそう

肯定的ストロークは貯金もできます。たくさん貯まると共存共栄の関係をつくります。底をついたら、何をしても面白くないという気持ちになります。夫婦の関係でも遅くなって帰ってきた夫に「何やっていたの、待っていたのに」と言うか、「遅くまでご苦労様、食事はお済みですか」のどちらがよいでしょう。野球の試合に負けて帰った子どもがうまくできなかったと落ち込んでいる時に「なぜ、あそこで点を入れられなかったの。もっとうまくならないとダメね」か、「今日はみんな頑張ったじゃない。点を入れられなかったのは残念だったけど、もうちょっとだった」ではどうでしょう。状況に応じた肯定的ストロークをうまく活用して楽しい子育てができるとよいでしょう。

Ⅲ　子どもを守る

多くの子どもが事故によって死んでいる

子どもの事故の報道は後を絶ちません。交通事故や水難事故など、毎日のように報道されています。1歳から14歳までの子どもの死因は「不慮の事故」が1位と2位を占めています。少子化の世に生まれてきた子どもたちの、生命を事故で失うことは残念です。病気は予防ができるものもありますが、多くは避けることができません。しかし、事故は注意すれば防げるのです。

子どもが巻き込まれ犠牲となる交通事故、夏になれば水難事故、車のなかに子どもを置いて買い物中の熱中症、冬には火災による火傷、凍死など様々な事故が起こっています。子どもの安全を守ることは親および社会の責務です。

子どもの特性と事故

子どもの特性が事故を起こしやすくしています。その特性を踏まえることで、事故を防ぐ確率は上がります。その特性の一つは身体的特徴です。子どもは頭が大きく重心が上部であり、運動機能が未熟です。頭が大きいことで容易に転落しますし、運動機能が未熟なため、立て直しや回避ができないのです。

二つ目は危険や安全を認知する知識や知性が育っていないことです。喜怒哀楽が激しく、興奮しやすい。三つ目は社会の約束事を知らないということです。また、人間としての道徳心が発達途中であり、約束事を守れないといった特徴があります。

子どもの周りには危険物が溢れています。洗剤、タバコなどの誤飲を引き起こすものや、火遊びに発展するライターやマッチなどは子どもの手の届くところに置かないようにしなくてはいけません。洗剤は黄色やブルーなど一見ジュースに似ています。子どもは字が読めないので洗剤であることがわかりません。色だけでジュースと思って飲んでしまうのです。最近では、キューブ型の洗剤が出回り、ゼリーと間違って食べてしまう事故も増えています。飴玉、こんにゃくゼリー、プチトマトなどがのどに詰まる窒息も報告されています。このようなものは、3歳までは子どもが勝手に食べないよう注意が必要です。

また、ボタン電池も危険です。私の知っている事例では、父親が新しいテレビを買って配線していたところ、1歳半の息子がリモコンに入れるボタン電池を飲んでしまいました。レントゲンで胃の中にあることは確認でき、胃カメラで取り出そうとしましたが、うまくいきません。医師はこんな小さな子どものお腹にメスは入れたくないと何度も試み、これで最後、うまくいかない時は開腹すると決め再度試み、見事取り出せたことがありました。電池は胃酸で溶けると有害な物質が出てきます。ちょっと目を離したすきに子どもが事故に遭遇するケースが後を絶たないのです。乳児期・幼児期の発達からどのような危険が潜んでいるかを考え生活を整えることが求められています。

赤ちゃんが誕生したら、風呂場には子どもの手の届かないところに外からカギがかけられるようにすること、窓やベランダでは踏み台になるようなものは片づける、洗剤や薬品などは子どもの手の届かないところに置くなど環境を整えるだけで事故は防げるのです。

ただ、安全に配慮しすぎることで、子どもの危険回避の経験を奪ってしまっては本末転倒になります。時には、親の見守りのなかで刃物を使わせ、マッチやライターなどは危険であることをしっかり理解させましょう。もう一度家のなかを見回し、子どもにとって安全な環境とは何かを考えてみてください。

チャイルドシートの着用で交通事故から子どもを守る

子どもの事故でも、最も多いものは交通事故です。子どもは車に同乗していて事故に遭遇する、歩いていて巻き込まれるなど、道路は危険に溢れています。全国のチャイルドシートの普及率は61.9％（日本自動車連盟と警察が平成26年4月に行った全国一斉調査）にとどまっています。

座席には付けていても子どもをそこに乗せていない親もいます。子どもは頭が大きく重いので、急ブレーキで頭から飛び出します。頭がフロントガラスに激突して頭部の怪我、時には死に至ることもあります。チャイルドシートは幼児になると泣いて抵抗して使用が難しいこともあります。しかし、赤ちゃんの頃から車に乗ったらチャイルドシートに座ることを習慣にすると、子どもは習慣化して嫌がらないものです。できれば、座ったら褒めていくことです。子どもは親から褒められること、承認されていることが大好きです。

子どもは一度でも抱っこで車に乗ると、チャイルドシートに座らなくなります。泣いて抵抗したら自由になることを学習してしまうのです。アメリカの母親は子どもが泣いても無視してチャイルドシートに乗せています。チャイルドシートに子どもを乗せていないと社会的なペナルティーが大きいのです。子どもの生命を守るという強い信念を日本の家族にも持ってほしいと思います。

あるお母さんの話です。4歳の男の子です。なかなかチャイルドシートに乗ってくれません。子どもを助手席に座らせ運転中に、警戒中の警察官に交通違反により注意を受けました。その時に母親は「だからちゃんと座ってと言ったでしょ」と強く怒ってしまいました。その日から、子どもは〝どもる〟ようになってしまいました。保育園ではそのうち直るから大丈夫と言われたそうですが心配になって私に相談してきました。〝どもる〟のは母親に対してだけだとわかり、まずは母と子の関係の修復が大切と思い、しっかり抱きしめ謝罪しようと提案しました。お母さんは「えっ、どうやって…」と困惑していました。しっかり目を見て「この間、ママ、警察の人に注意されてびっくりしてしまい、○○君のこと怒っちゃったけど、ママがちゃんと座らせていなかったことが悪かった。怒ってごめんなさい」ではどうかと話しました。その後、母親はしっかり抱いて話したそうです。

すぐには改善しなかったようですが、だんだん落ち着いていったようです。母親自身、「子どもに謝るなんて」という気持ちがありました。でも、良好な関係性のなかでは、悪いことをしたら謝るという同等の関係が親子であっても大切と思います。大人がいつも正しく、子どもはわからないというものではなく、お互いに対等に認め合う関係が子どもの心を育てるのです。事故から子どもを守る責務は親にあるので、常に「子どもの生命を守る」をモットーに事故対策に努めてほしいと思います。

Ⅳ　子どもを健康にする日々の食事

子どもの健康はバランスのよい食事から

子育て支援の場で子育て相談に応じていると、「食べない」「好き嫌いがある」など食事や栄養についての質問を多く受けます。子どもの食事は母親の悩みの種のようです。

食事は家庭のなかで親が用意して与えるものであり、24時間の生活のなかで多くの時間が取られるものです。子どもは様々な食品から栄養を摂取して発育していくので、食事は不可欠で軽んじられない大切なものです。また、毎日同じものでは飽きてしまいます。ここからは子どもの健康な身体をつくる栄養について話していきましょう。

人間は毎日3回の食事から必要な栄養を摂取しています。食べだめはできません。子どもの栄養の特徴は、生活するために必要なエネルギーに加え、発育するためにもエネルギーが必要であることです。そして、発育に応じて乳汁から離乳食、幼児食から普通食と形態も変わっていきます。

特に幼少期には胃腸が小さいことや消化吸収能力が十分でないため、3回の食事では必要な栄養を摂取することができません。このため、おやつも栄養を摂取するための食事と考える必要があります。子どもは大きくなるために多くの栄養を必要とするのです。摂取する食品には、いろんな栄養が含まれています。

子どもは自分で食品を選んだり、摂取したりはできないので親に依存しています。栄養をバランスよく与えるのは家族の役割です。偏った食事は肥満や子どもの生活習慣病となるリスクが大きいのです。

平成17年に厚生労働省・文部科学省が日本人の「食事摂取基準」を提唱しました。「食事摂取基準」は、今までの栄養の指標であった「栄養所要量」の年齢と労働強度から所要量を算出する考えから、摂取する栄養をその人の体格（基礎代謝量）から推定必要所要量・推奨量、目安量を提唱しています。

これまで栄養の大きな指標であった「栄養所要量」は、戦後の食物が十分でなかった頃につくられたものであり、今の時代には合わないということで「食事摂取基準」を策定したのです。しかし、日常の献立を考える時、面倒な「食事摂取基準」などの栄養学の知識より、習慣や勘、気分で行うことが多いのではないでしょうか。そこで、厚生労働省と農林水産省は「食生活指針」を具体的な行動に結び付けるものとして、「食事バランスガイド」を作成しました。

しかし、この「食事バランスガイド」も日常では活用しにくいもののように思います。

子育て中はとても忙しく手軽にできることが望まれます。一方で、子どもの食事の困り事は多く、食べない、反対に食べすぎ、偏食や食事に集中できないなどの話はよく聴きます。なかでも一番心配なのが子どもの偏食です。子どもが2歳を過ぎた頃から偏食は始まります。特に最近は野菜嫌いな子どもが増えてきたように思います。よく聴いてみると父親や母親も野菜が嫌いな場合が多く、両親の影響も大きいようです。自分は食べないから子どもにも食べさせないでは、偏食は直りません。親は身体ができ上がっていて、多少の栄養の偏りはあっても影響は小さいでしょう。しかし、身体をつくっている途中の子どもにとって、栄養の偏りは、健康という面から決して軽視してはならないのです。野菜は多くのビタミン類を含み、食物繊維が豊富であり、この食物繊維こそ余分な栄養の排泄を促し、便通をよくして健康な身体をつくるのに不可欠なものです。

このように、親子の健康は毎日の食事にあるといっても過言ではないのです。子ども時代は身体をつくっていく時期なので、必要な栄養をバランスよく摂取することが大切です。私は親子の食事は健康のもとであり、栄養を整えるお手伝いを子育て支援のなかに取り込みたいと思っています。子どもの発育過程において、不足する栄養素が出てきます。たとえば、赤ちゃんは4か月を過ぎた頃、出生時に持っていた赤血球はほとんど壊され、造血機能が未熟なため貧血になります。このため、血液をつくる材料の鉄を補う必要が生じます。このような身体の変化にタイミングよく乳汁だけでは不足する栄養を、離乳食に移行

することで整えていきます。

また、思春期になると身体が急激に大きくなるため、多くの栄養を必要とします。しかし、この頃の子どもはダイエットのため食べないようにしていることもあり、拒食、思春期痩に発展していくこともあります。このように発育にとって必要な栄養をタイミングよく摂取し、丈夫な身体をつくっていくことが子どもを健康に育むために必要なことなのです。では、何をどれだけ食べたらよいのでしょうか。

子どもの食事は大人が選んで与える

最近の若い母親には朝食を取らない習慣のある人が増えています。大人は日々の活動に必要な栄養を摂取することだけでよいのですが、子どもは常に成長発達しているので、朝昼夜の3食は欠かすことができず、一度にたくさん食べられない幼児期には、おやつも栄養と考えて食べさせることが必要です。

親が食べないからといって、子どもの朝食を抜くことは、子どもの健康に影響します。朝食をしっかり食べている子どもは小学校で好成績であるという研究結果もあります。小さいうちから食事をしっかり食べる子どもこそ健康であるといえるでしょう。

そして、食事の時間はテレビを消してスマートフォンや携帯電話も置いて、家族で食卓を囲んでほしいものです。食卓に並ぶメニューから、このお肉は血や筋肉をつくるものだとか、この野菜は身体の調子を整える、ご飯は毎日のエネルギーとなり、子どもの身体を大きくするのだと、子どもが食事に興味を持つように話してください。そうすることで、子どもは知らずに栄養や食品に関心を持ち、食べてみようと気持ちが変化し食べるようになります。

また、大きくなりたいという子どもの〈成長願望〉を刺激して、「今は小さいからピーマンの苦みは美味しくないかもしれないけど、大きくなるとこの苦みは美味しく感じるようになる」と話して、早く美味しいと感じられるように、大きくなりたいと期待が持てるよう導いてください。お母さん、お父さんの〈もの知り〉は子どもの自慢です。中学生にもなればうるさく感じるでしょうが、幼児や学童前期では、喜んで話にのってくるはずです。そして、親子で食事の時間を楽しんでほしいのです。

このような話題から家族の会話が弾み、子どものコミュニケーション力アップにもつながっていきます。親は常に子どものモデルなので、親が美味しそうに食べているものは喜んで食べるでしょう。昼は子どもと2人で味気ないという親子はぜひ、公園や子育て支援の昼食が食べられる場に行ってみるのもよいでしょう。いつもと違う活き活きとした子どもの姿に出会えることでしょう。食事も環境の影響が大きいのです。

4群点数法により食事を整える

豊富にある食品をどのくらい食べたらよいかを考えることはとても難しいことです。私は20歳後半から、香川綾氏が考案した4群点数法によって栄養摂取をしてきました。これは、香川氏がどうしたら人々が生活のなかで、苦もなく栄養のバランスを整えることができるかと、試行錯誤の末に考案したものです。わかりやすく、ちょっと考えて買い物したら、いつの間にか栄養が整っていたというものです。私はこの栄養法を生活に取り入れ20年ほどはほとんど体型の変化もなく健康に過ごしてきました。残念なことに更年期以降は代謝も落ちてきて、かなり意識して食事をしないと良好な体重は保てなくなりましたが、今でもＢＭＩ（肥満の度合いを判定する指標）は正常範囲、血液データも骨密度もよい状態を保っています。

最近は外食産業によって手軽に調理したものが手に入ります。外食もスーパーのお惣菜も忙しい子育て中では、親にとってありがたいものです。お惣菜を買う時にちょっと立ち止まって栄養のことを考えること、難しい知識はいりません。香川式の1群から4群の食品がバランスよく摂取できているかを考えてみましょう。

1群は乳・乳製品・卵です。栄養を完全にする食品群ですから、毎日必ず摂取してほしい食品です。

2群は魚介・肉・豆・豆製品で、身体や筋肉、血液をつくる食品群です。子どもは大きくなるために筋肉を増やし、血液もたくさん必要なので2群の食品は欠かせません。

3群は野菜・芋・果物で、身体の働きを円滑にする食品群です。芋は炭水化物でカロリー源であり他の栄養法では米などと同じ群になるのですが、香川式は買い物の時、芋は野菜コーナーにあるので、一緒に買いましょう、果物も同じエリアにあるので、野菜と一緒に忘れないで買いましょうと3群に入っています。芋はビタミンCを多く含んでいます。ビタミンCは水溶性ビタミンなので洗うと水に溶けて摂取量が減少しますが、芋に含まれるビタミンCはでんぷんに包まれ水にも溶けず、加熱しても壊れないという性質をもっています。なかなか毎日芋を食卓に載せるのは大変ですが、ぜひ摂取したい食品です。同じように果物も多くのビタミンを含みます。果糖を多く含んでいるので多く摂取すると肥満に直結しますが、ビタミン摂取のために適量はとりましょう。

最後の4群は穀物・油脂・砂糖・嗜好品などで、力や体温となるエネルギー源となる食品群です。ダイエットしたい時はこの群の食品を減量する方法がきれいに痩せることになります。子どもは成長のために4群の食品も欠かすことができませんが、子どもの大好きな砂糖・嗜好品（お菓子、ケーキ、ジュースなど）は4群なので、とりすぎには注意が必要です。4群の食品は子どもにとっては美味しい味なので好んで食べますが、4群ばかりに偏らないよう、様々な味を体験できる食卓をつくり、味や料理についても子どもに教えてください。子どもは胃や腸が小さいため、子どものおやつは楽しみではなく、3回の食事で摂取できない栄養を補うものです。できるだけ栄養を考え手作りしたいものです。

忙しい家庭では市販のものをうまく生かして栄養を整えることができます。買い物の時、四つの食品群を頭に置いて、4群のものばかりにならないよう考えましょう。昼食にハンバーガーとポテトのセットだと、ハンバーグの肉は2群、パンは4群、ポテトは3群ですが、1群がとれない。チーズバーガーにしたら1群、野菜が足りないので、野菜たっぷりのバーガーは…、と考えると1群から4群までの食品が摂取できます。あと、夕食に野菜と豆製品、卵を摂取すると、これで栄養的には整ったといえるでしょう。このように頭をちょっと働かせることで、子どもにとってよい栄養を保つことができるのです。

主食・主菜・副菜の3拍子

香川式でどのような食品をどのくらい食べたらよいかを考えることができました。しかし、この食品を食卓にどう料理して並べ食べたらよいかという問題があります。そこで、もう一つの考えに主食・主菜・副菜の3拍子を毎食に取り入れるという考えがあります。

これは、「食事バランスガイド」の考えに準じています。主食はカロリー源となる、ご飯、パン、麺類などです。主菜はメインの料理、食卓の主役のことです。副菜は主菜を引き立たせ主菜の不足する栄養を補うものをいいます。毎食に主食・主菜・副菜の3拍子を揃えることは大変なことだと思いますが、「今日の主菜は?」とメインの料理を考えることで

副菜のメニューが決まり、バランスのよい食事ができ上がり、それを摂取することで必要な栄養をとることができます。

たとえば今日の夕食はカレーライスにすると、カレーは主菜、ごはんは主食、では副菜にはサラダを付けようと3拍子揃いました。毎日の献立を考えるのは、面倒で厄介なことと思いますが、香川式4群点数法で必要な食品を集め、これらを料理して食卓に並べる時に、主食・主菜・副菜の3拍子の考えをいつも頭に置いておくと、日常の献立や料理が楽になると思います。私も長年主婦をしてきて、毎日の献立を考えることは、とても大変なことでした。しかし、家族の健康を考え食事を用意することは楽しいことでもありました。

私の主催するおもちゃ広場では昼食を一緒に取ります。参加する親子はきれいにお弁当を作ってくる人もいれば、コンビニ弁当を持参する人もいます。どちらにしても、子どもの栄養を堅苦しく考えるのではなく、必要な栄養を偏らないように摂取すること、「食事は楽しく」をモットーに1群から4群までの食品をバランスよく取り入れ、食卓に主食・主菜・副菜の3拍子を並べることができたら、これが子どもや家族の健康につながっていくと思います。

4群をバランスよく食べる生活をするために

近年、ライフスタイルが大きく変化しています。外食産業が発展して、いつ、どこでも、すぐ食べられるものが家庭の食事のなかに入ってきています。このことは、生活を便利にして、忙しい母親にとっては救いとなっています。

保育園のお弁当の日には凝ったキャラ弁を持たせる母親がいる一方で、コンビニのお弁当を持たせることもあるようです。せっかく便利な生活ができるのですから、生かして使っていくことが生活の豊かさにつながっていきます。

これはある栄養士さんの話です。お弁当は、昔は家で作って外で食べるものであったのが、今は外で買って家で食べるものになったというのです。面白いと思いました。運動会や遠足などの行事の時に早く起きて母親が作ってくれたお弁当を懐かしく思うことがありますが、今は運動会のお弁当をスーパーマーケットは予約で請け負っています。ままごとの急須ややかんは家にはないもので、どうやって使うかわからない子どもたちがいるほどです。なぜなら、ペットボトルのお茶があれば、家庭に急須もやかんもいらないのです。

現実には、手をかけることだけでなく、よりよい食事に外食やお惣菜をうまく活用していけばよいのです。和食はとてもバランスがよいとされています。お弁当を買う時に、から揚げ弁当より幕の内弁当の方がバランスはよいのです。あとはちょっと知恵を働かせ、足りないものを足して購入することです。

ほとんどのお弁当は野菜が不足しがちですから、サラダや刻んだ生野菜を一緒に買えばよいのです。いつも同じものでなく、子どもがいろんな味を楽しめる工夫もあったらよいでしょう。

お弁当屋さんも野菜が多く入っている店とかを見つけておいて活用することでよいのです。人間には本能的に生きるためのプログラムが組み込まれ、足りない栄養を欲することがあります。旅先で野菜が不足すると、無性に野菜が食べたくなるとか、疲れていると甘いものが欲しくなるとか、肉ばかり食べていると魚が食べたくなるといったことです。この身体からの要求に従っていくと、自然と栄養が整えられることもあるのです。栄養のバランスを少し気にしながら、身体の要求に応えていくことが健康につながっていくものです。

ただし、子どもは常に発育しているために、大人よりたくさんの栄養を必要とします。だからこそ、バランスも考えながら健全な食事を与えてほしいと思います。

第五章

虐待を受けた子どもとその家族

ここまでは健やかに子どもを育むためには、日々の生活のなかで家族とともにあることが不可欠であると話してきました。ここからは、家族に恵まれず虐待を受けて育った子どもたちから私が教えられ、気づかされたことについてお伝えします。この話から、家族のなかで育つこと、日々何気なく繰り返される生活が子どもの育みに、大切なものがあることをわかっていただけると思います。

Ⅰ　虐待にならない子育てを伝えるために

子ども虐待の増加

私が看護師の専門性を活かした子育て支援活動を始めたきっかけは児童虐待防止活動でした。様々な虐待を受けた子どもとその親に関わって、虐待に至ってしまった子どもの心と身体に及ぼされる影響の大きさ、親への関わりの難しさなど壁にぶつかることが多くありました。

虐待はどんな人でも、どんな状況でも起こります。私は、虐待が起こってしまう前の予防的支援が重要なカギになると確信しました。平成12年に児童虐待防止法ができて十数年、児童相談所に寄せられる子ども虐待の相談件数は右肩上がりで平成25年には7万件に達し、これからも増えていくだろうと予測されています。

親が子どもに適切な養育をしないことを虐待といっていますが、その様相は様々です。今の法律では虐待は積極的な行為である身体的虐待と、消極的な行為であるネグレクト（育児放棄、育児怠惰などといわれています）、これらに加え、性的虐待と心理的虐待が定義されています。身体的虐待や十分に養育されないネグレクトで生命を奪われる子どもは全国で年間50～80人。でも専門家によれば、その3倍はいるといわれています。

少子化の時代、せっかく生まれてきた生命をなぜ不適切な養育のために死なせ、または傷つけなければならないのかを考えてみると、過去の歴史のなかでも虐待といわなければならない行為は様々にあったことが思い出されます。子捨て、子殺しといった時代もありました。

虐待と躾

子ども虐待防止の活動のなかで、学校、保育園、社会福祉協議会や病院など様々なところで講話をする機会があります。よくある質問に「躾と虐待とはどこが違うのですか、生活のなかでは悪いことは叱ったり、叩いて教えなければならないことがあるのでは」とか、あるいはテレビの報道を見ていて、虐待の疑いで警察に逮捕された親御さんが「あれは躾のためにやった」というのを聞くことがあります。

子育てを考える時、躾と虐待がどんな関係にあるのかを考える必要があります。躾は前述したように、社会のなかで身を美しくこなせるようにするための、親から子どもへのプレゼントです。躾か虐待かを論じる時、その行為そのものが子どもにとって利益か不利益かということを子どもの立場で考えることです。たとえば、叩くという行為が本当に子どもにとって利益になるのか。利益であればそれは虐待の範疇《はんちゅう》には入らないのです。もちろん、私は叩くことについては否定的な立場です。叩かなくても躾はできると思います。

しかし、私が今まで関わってきた子どもたちのなかに「親に叩かれ嬉しかった」という子どもがいます。中学生で非行に走った子どもたちです。親は仕事が忙しく、子どもの存在すら目に入らず、無視されて親からかまわれない。自分が悪いことをしたら親が自分を見て、叩いてくれるのではないかと考えている子どもがいます。そういう子どもに「でも叩いちゃいけないから」と社会的に悪い行為を黙認することはどうなのでしょう。これにはいろいろな議論があるとは思いますが、特に中学生以上になれば、善悪はわかるので、私は「叩いてほしかったのね。それくらいお母さんに何とかしてほしかったのね」と気持ちを汲んで話を受け止めます。

子ども自身、悪いことをしたという思いは十分にあるわけで、悪いことをした時は叱ってほしい、自分を見てほしい、その気持ちに応えることは子どもにとって利益です。悪いことをしたら当然、制裁を加えられる。それは世の中に出れば法律によって罰則が加えられるのと同じで、家族のなかにあっても家族固有のルールができるのは当り前のことです。

虐待は連鎖するか

よく、虐待は連鎖するかと問われます。虐待そのものが連鎖するかは、虐待を受けて育った子どもであっても、その人生のなかでどのような大人と出会い、どんな環境で育ってきたかによって異なります。しかし、子ども、特に幼少の頃は、理解力、判断力、表現力などが発達途上にあり、大人がうまく主導することによって生きているわけですから、生き方、考え方が生活を共にした親に似るのは当然です。食事の取り方、歯の磨き方、掃除・洗濯・料理の仕方など、その家庭のあり方そのものを受け継いでいくのです。

サンテグジュペリが書いた『星の王子さま』という物語があります。この文頭に「おとなは、だれでも、はじめは子どもだった（しかし、そのことを忘れずにいるおとなは、いくらもいない）」とあります。頭のなかでは忘れていても子ども時代の生活ぶりは受け継いでいるといえるでしょう。子どもは幼い時に様々な生活技術を親の模倣によって身につけていきます。ふと自分の振る舞いを振り返ると親と同じようにしていることに気づくことがあります。

生活を共にし、親のすることを見る環境が子どもを人間として育てることになるのです。人間は人間らしく生きるために、他の動物にはない脳を持っています。二足で歩く、言語によりコミュニケートする、道具を使って生活するなど、人間らしく生きるための知恵や技術を持っているのです。考え、行動するときに脳はフル回転をしているのです。子どもが家族との生活の営みのなかで、人間らしく生きることを学習するのです。よいことも悪いことも模倣してしまうので、親としては困ることも多くありますが、この模倣こそが子どもが生活技術を身につけ、社会で生きる知恵を持つことにつながるのです。

自分がどのように育ってきたかが、自分の子育てに反映するのは、子育ても生活技術だからこそです。親から叩かれて育った子どもは、やがて大人になった時、叩く子育てになってしまうのは自然なことです。これが連鎖です。では、虐待された子どもすべてが、虐待するかといえば、それは違います。叩かなくてもよい育児の方法を学べば連鎖を食い止めることができます。だからこそ、虐待にならない子育てを伝えていくために子育て支援が必要だと私は思っています。

Ⅱ　被虐待児を支援する

小児科外来に置き去りにされたAさん

私は今までに多くの虐待を受けて育った子どもに出会ってきました。この子どもたちとの出会いが私を放っておけない気持ちに駆り立て、看護師の私にできることは何かを模索するきっかけになりました。

最初に出会った子どもは、昭和57年に3歳で小児科外来に置きざりにされたAさんでした。この頃はまだ「虐待」という言葉が一般的でなかった時代でした。外来が終了して静まりかえった待合室に一人の子どもが椅子に座っていました。皮膚は汚れ異臭のするぼろの衣服、手の甲にはタバコの押し付けた火傷の跡があり、汚れたおむつを着けていました。母親は外来の問診票に年齢と名前は記入していましたが、住所や電話番号などは偽りでした。すぐに入院させました。

身体的発育は1歳半程度、言葉は話さず、人におびえ、はじめは食事も食べません。看護師たちは、洋服やおもちゃを買って与え、嫌がる抱っこも少しずつ慣らし、時には自宅に連れ帰り、動物園に連れて行くこともありました。4か月後、Aさんの身長は8㎝、体重は2.2kg増え、見事に子どもらしさを取り戻し、笑顔いっぱいで児童養護施設に引き取られていきました。Aさんの経験から、どんな状況下で育った子どもでも、愛情を注げば子どもは子どもとして育つ力を持っていることを教えられました。

3回の外傷による入院で子ども虐待がわかったB君

次に出会った子どもは1歳半で硬膜下血腫により緊急入院した男の子B君です。母親は玄関の段差から転落して頭を強打したと語り、緊急手術の甲斐あって1週間で意識は回復し、リハビリによって歩けるまでになり、軽い麻痺は残ったものの退院していきました。

B君に関わった医療従事者は誰も虐待を疑うことはありませんでした。その1年半後、B君は大腿骨骨折で再度入院したのです。母親は足を痛がるので見たら腫れていたと語り、気づかなかったが転んだのではと骨折について語りました。B君に関わった医療従事者は母親がなかなか面会に来ないことを不信に思ってはいましたが、妊娠中であったこともあり、骨折は転んだ時のものと信じていました。

その8か月後、内臓破裂によって再び入院してきたのです。この時はさすがに医療者全員が異変に気づき、警察、児童相談所の介入により、虐待と断定し、B君の回復を待って養護施設に措置されました。医療従事者の誰もが、もっと早くにわかっていれば、この子が怖い思いや痛い思いをしないですんだのにと反省した事例でした。先のAさんの事例と同様に真剣に向き合うことで、心が通った経験はB君でもありました。

3回目の入院で手術後のある朝、病棟の看護師から「B君が待っています。何があったのですか」と聞かれました。前日、電車ごっこを真剣に3時間したことを思い出しました。今日こそB君と心が通うようにと電車ごっこが大好きなB君に切符とお金を紙で作り持って行きました。「○○駅まで切符はいくらですか？　はい、お金」「この電車はどこ行きですか」と電車ごっこを夢中で行いました。このことからB君は心を開き、私を待つことにつながったと思いました。その後は看護師もうらやむ関係を得ることができたのです。
この2例の子どもとの関わりが私を子ども虐待防止活動へと駆り立てたのです。

虐待により施設で育ったC君

C君とは私が虐待の防止活動を始めた頃に出会いました。C君は両親から虐待を受け、家庭での養育が困難となり、施設に措置入所となった子どもです。2歳から施設で育ち家庭の生活をまったく体験することなく施設で育った子どもです。

保育園に入園した頃から、他児をいじめる、お金や他の子どものおもちゃを盗む、反抗的と施設では困った子どもとして、いつも名前が挙がっていました。「この子は好きになれない。生まれてこなければよかった。」と母親は施設に入所させる際に語っていました。施設の生活体験しかなく、親から愛されたこともないC君の今後の育みを検討するため、家庭の生活を体験する目的で月に1回、我が家に泊まって共に生活することとなりました。

C君が初めて我が家に来た時は小学校3年生でした。はじめは緊張いっぱいでしたが、一緒に過ごすうちに笑顔も出てきました。一緒に野菜を洗い刻んでカレーを作りました。お米も一緒にとぎ、炊飯器で炊きました。すべてがC君にとって初めての体験でした。でき上がり、盛り付ける時用意したお皿に対し「もっと大きいお皿はないの?」と要求し、大きなお皿にたっぷりのご飯とカレーを盛り付け、嬉しそうに食べ始めました。3分の1

ほど食べたところで、「もうお腹いっぱい」と言い出しました。施設での経験から「おかわり」をしたことがないのだと思い、「おかわりをすればよかったね。せっかく作ったカレーを捨てるなんてもったいない」と説明しました。次の朝、C君は「おかわりするから」と茶碗にご飯を半分ほど盛って食べ始め「おかわり」と元気に茶碗を差し出したのです。

施設では食事は配膳されてきます。本来なら母親が台所で料理する姿を見て育つのですが、食事をつくる過程を知らないのです。このことから施設での生活の限界と子どもにとって家庭の日々の暮らしのなかで経験することの必要性を実感したのです。さりげない家庭生活の営みのなかで子どもは親のすること、話すことを全身で見て聴いて感じ、やってみて生活技術を身につけていくのだと気づきました。

もう一つC君との生活で気づいたことは経済的な思考の構築です。C君は私の財布をのぞいて1万円あるからおもちゃが買えるとせがんできます。もちろん生活費ですから買うことはできません。子どもはいつ家庭の経済について学習するのでしょう。子どもは小学校に入学すると計算を学びます。C君は算数が得意な科目で計算は得意です。でも買い物に行った時、198円の買い物に200円払って「おつりは?」と聞くと、この計算ができないのです。施設のなかでは自由になるお金は与えられていません。買い物訓練といった機会は与えられていますが、これは、おもちゃやお菓子などを並べて、10円玉ばかり200円が与えられ、好きなものを自分で選んで買うという「買い物ごっこ」のようなものです。施設の生活のなかでは、家庭における経済の成り立ちを考えることができないのです。

小さい時から家族と一緒に買い物に行き、買ったものに対して支払いをして、おつりをもらうといった生活の繰り返しのなかで、算数で習った計算を日常生活に生かす方法や、節約、限られたお金のなかで選んで買い物をするといった生活が、やがて家族の経済や、国家の経済などと発展して考えられる大人になると思うのです。サラリーマン家庭で給料前だから今日はお金がないなどといった会話から、子どもは経済観念を身につけていくのだろうと思うのです。

C君と関わり始めの頃、施設ではC君は悪い子として毎日その問題行動の報告が挙がっていました。私はC君と出会って、「放っておけない」という気持ちになりました。C君を何とかしたいという思いから、ある児童相談所の所長に相談しました。その回答は、「その子と真剣に向き合う大人が誰か一人でもいいから存在したら、彼は救われる」ということでした。その一人になろうと決め、私はC君の家庭生活体験に挑戦してみようと決めたのです。施設では「不公平」だとか、「なぜC君だけ」という意見もありましたが、何度も必死でお願いしてC君の家庭生活体験は実現したのです。はじめは緊張していたC君も2回目からは楽しそうに笑顔いっぱいでした。

このように虐待によって家庭生活から施設の生活に移行した子どもは、家庭で展開される様々な経験の不足による社会的障がいを負ってしまい、やがて、大人になって自分が家庭生活を営む時に、多くの困難を持つことになるのです。C君とは3年間、こんな生活をともに過ごしました。平凡なサラリーマン家庭に育った私はC君から子どもの育みに必要な家庭での体験を教えてもらいました。もう成人に達したC君が社会で仕事に就き仲間と生活を共に営んでいることを知り、嬉しく思っているところです。

Ⅲ　被虐待児に共通すること

虐待を受けた子どもに共通すること

虐待を受けた子どもに共通することは、親から虐待を受け身体も心も傷ついていたこと、それは親から愛されないという子どもにとっては、最もつらい体験です。虐待を受けた子どもの半数以上に愛着障害があるといわれます。

外来に捨てられたAさんも看護師たちの愛が彼女を愛くるしい3歳児に変えました。誰か一人でもいい、真剣に愛してくれる大人に出会うこと、そして、その大人に心から愛される体験は、B君、C君を本来の子どもに変身させることを教えてくれました。健康な親子関係であれば、子どもは親の無償の愛によって育っていきます。もし、その愛がないとしたら身体も心も育たないのです。しかし、一人の大人が真剣に向き合うことで、子ども

の育つ力は開花する。これが、この子どもたちから教えられた結論でした。

虐待を受けて育った子どもには共通する特徴があります。身体面の特徴として、身体発育の遅れによる低身長、低体重、食行動の問題、腹痛や夜尿、チックや脱毛といった身体症状かあります。精神・神経面の特徴として、情緒の遅れ、言語の遅れ、睡眠障害、落ち着きがない、不安、無気力、無表情などがあり、行動面の特徴では、学業の問題、不登校、興奮しやすい、虚言（うそをつく）、こだわりや収集癖などが現れてきます。C君にも低身長・低体重、暴力的、虚言、こだわり、睡眠障害など多くの特徴が現れていました。なぜ、このような特徴があるのかを研究している研究者がいます。その一人に友田明美氏がいます。

友田氏は小児科医ですが、ある虐待を受けた子どもと遭遇したことをきっかけにアメリカに渡り、虐待体験が脳に不可逆的変化をもたらすことを脳の画像手法で実証しました。虐待を受けた子どもに現れる人間関係の歪みや感情のコントロールができないなどの特徴は、人間の感情をコントロールする脳にある海馬や脳梁などのサイズが小さいことに起因しているという研究です。私は友田氏の講演を直接聴く機会があり、これまでに出会った虐待を受けて育った子どもの特徴に照らし友田氏の研究は納得するものでした。

残された発達課題

虐待を受けて育った子どもたちを看る時に、私がいつも指標としていた理論がもう一つあります。それは、人間は年齢に応じた発達の節目ごとに課題を持ち、その課題達成のために努力しているという考えです。この理論は、私が子どもを看る時に発育の節目で話したことと合わせて、それぞれの子どもの発育状況を評価する時に、獲得したり、阻害したりする生活を思い描きながら看ていく指標となっています。ここでは心理学者のエリック・H・エリクソンのものを紹介します

エリクソンは人間の生涯を8つの段階に区分して、それぞれの段階の固有のライフタスク（発達課題あるいは生活の課題ともいいます）があることを表しています。第一段階は基本的信頼対基本的不信であり、これは生後すぐから1歳半までに家族のなかで母親との関係性によって身につく発達課題です。第二段階は自律性対恥・疑惑であり、躾が始まる1歳半から3歳までの課題です。第三段階は主導性対罪責感、3歳から6歳までの課題です。そして学童期（第四段階）には勤勉感対劣等感、思春期（第五段階）には自己同一性対同一性拡散が発達課題となります。この発達課題の取り組みにはたびたび心理的・社会的危機を生じますが、この危機に対する努力こそが健康なパーソナリティを促すのだと述べています。

また、ライフタスクとは文字どおり人間の生命、それから生涯、生活の課題であり回避

できないもので、仮にある段階のライフタスクに立ち向かうのをやめようとしても、その課題は後の段階まで背負い続けなければならないというのです。私は初めてこの文章を読んだとき、やり残したことを背負い続けて生きることは「つらい」と思いました。特に虐待を受けて育った子どもたちは多くの発達課題を残しているのだと思ったのです。

しかし、子どもと関わるうちに、背負い続けていることの意味がわかってきました。背負い続けているからこそ、やり直しができるのだと。もし、それを背負い続けていなければ、やり直しはできないことに気が付いたのです。この発達段階を頭に描きながら目の前の子どもと向き合い、どの段階の発達課題を背負って今生きているかと思って看ていくと、今の課題と育ち直しをする段階が見えてきます。

基本的信頼と自律性

C君の生活体験を我が家で展開する前に私はC君の発達課題でやり残したことは何かを考えました。そして、エリクソンの言う、一段階目にある「基本的信頼」と二段階目にある「自律性」に着目しました。

具体的にお話しをすると、C君は乱暴で人との関係をうまくつくれず、施設では問題児でした。この背景に「基本的信頼」ができていないと思ったのです。「基本的信頼」は乳児期に母親との相互作用のなかで築かれますが、C君は乳児の時から虐待環境で育ち、ほとんど母親からの愛情はないなかで育ってきました。このことを踏まえ、私は愛情いっぱいの関係を築いていこうと考えました。

C君と一緒に食事をつくって食べ、お風呂にも一緒に入りました。夜寝る前はじゃれて枕投げやくすぐりごっこなどして過ごし、大笑いして一緒に寝ることを続けました。はじめC君は戸惑っていましたが、そのうちにC君はこの関わりを楽しむようになりました。

1年が過ぎた頃、「もう今日から一人で寝る」と言いました。C君はもう4年生になっていました。施設でも乱暴な行為が減り、友達ともうまく付き合っているようでした。私は「基本的信頼」という課題はクリアしたと思いました。

もう一つ私は気になっていることがありました。それは、病院の検査では機能的には問題がないと言われていましたが、小学3年生でまだおねしょが続いていることでした。虐待を受けた子どもの特徴に「遺尿・夜尿」があり、施設ではこの排泄障害でも悩んでいました。

これはエリクソンの2段階目の課題「自律性」のやり残しと思いました。C君自身はさほど気にすることもなく、我が家に来るときはいつもおむつを持参し、就寝前には施設でもしているように自分ではいていました。私はおむつはずしに賭けてみました。「今日からおむつは使いません。もしおねしょしてもいいようにビニールを敷きます。もし布団を濡らしてしまったら、洗濯はできないし、外に干すのは恥ずかしいからね」と話しました。

「どうして?」と聞くC君に「C君は私の宝だから、どうしてもおねしょが治ってほしいの」と、ぎゅっと抱きしめ伝えました。夕食後の水分を控え、寝る前にはトイレで排尿を済ませ、入眠する前には「どうか今日はおねしょをしないように」とC君のお腹に手を当てて2人でお願いしました。

その繰り返しがあっておねしょは次第にしない日が多くなっていきました。C君も夕食の後は「お水は飲まないようにしよう」「寝る前はトイレに行っておこう」など自ら努め始め、1年後にはおねしょをしなくなっていました。

虐待を受けて育った子どもに共通に現れる特徴は、育ちのなかで脳の機能が発達しないこと、そして、発育のなかで回避できない課題をやり残している結果でした。これらのことから真剣に向き合うことで、子どもとの距離を縮め、安心の関係が生まれたのだと思い、これは虐待を受けた子どもに限らず健康な子どもの発育のプロセスでも重要なことで、家族の関係に不可欠な事柄であると気づいたのです。

虐待はアディクション、だから予防する

虐待は家族のなかで行われる「密室の行為」といわれるように、どんな家族にも起こりうる家族現象です。その背景には貧困や親の養育能力のなさ、助けてくれる人がいない社会的孤立などが挙げられています。虐待も家族のなかで起こる病気であり、精神医学では

薬物依存やギャンブル依存などのように、アディクション（習癖）と位置づけられています。病気なので回復するためには治療が必要なのです。だからこそ病気と同様、予防することが重要であり、虐待に至る前に他者の力を借りて解決していかなければならないのです。平成12年に制定された児童虐待防止法では、子どもに関わるすべての職種の人、および一般の住民に通告義務を課しています。社会全体で子ども虐待を予防していくことが求められています。現代の家族は、少子化、核家族により家族を構成する人々が減ることにより、小規模化し脆弱化しています。だからこそ子育て家族を社会全体で支え、子どもを産み育てやすい社会をつくること、子育てを社会全体で担い子育て家族を支援する体制を整えることが急務であると思うのです。

子育ての中にあるストレス

これまでも話してきましたが、子育てはとてもストレスの多いものです。私が今まで母親と話すなかで母親から語られたストレスには、大きく分けて〈子どもからのストレス〉〈家庭内のストレス〉〈母親としての力不足〉〈これまでの生活習慣〉がありました。様々な場面でストレスを感じていることがわかります。そのはけ口として虐待が起こっているのです。インターネット上で子育て中の母親にストレスがあるか尋ねた調査もあります。インターネットは顔が見えないので本音が現れています。

この調査では、子育てにストレスを感じると答えた母親は71％でした。ストレスを感じている母親の50％が子どもを叩いたり、無視することが「よくある」と答え、37％が「時々ある」と答えています。ストレスを感じている母親のじつに87％が子どもを叩いたり無視したりしているのです。

身体的虐待は暴力ですから、日常化するとエスカレートしていきます。どんなストレスを母親は抱えているかを、今まで多くの母親からお話を聴いたことをまとめました。母親から語られたストレスは、子どもからのストレス、母親の自信喪失、家庭内のストレス、母親のこれまでの体験の四つに分類できました。

このように、子育て中の母親のストレス要因はたくさんありますが、早期に発見して健全な親子関係に修復していけば虐待は未然に防ぐことができるのです。母親が安心して子育てができる環境を創っていくこと、「子どもを産み、育てやすい社会」をスローガンに終わらせてはならないと思っています。

おわりに―私のこと

この本は、子育て支援をしている支援者の方、保育士、看護師、保健師、教師など子どもに関わる多くの方々が、親子への対応で困難を感じた時に読んで、何らかのヒントが得られるように、また子育て中の両親や家族にも役立つことを願って書いたものです。

私がどうしてこのような願いを持つようになったかについて、最後にお話しします。

私の育った場所と時代

私は東京の23区内という都会で生まれ育ちました。私が幼い頃に育ったところは東京でありながら武蔵野の面影の深い地域でした。今の時代と違い近所には田んぼ、畑が広がり、ザリガニ採りやれんげ草で花輪を作って遊んだことは懐かしい思い出になっています。小学校の社会見学では田植えの体験もあり、日常のおやつやおもちゃは今の世の中とは違って、何もない時代でしたから、すべて母の手作りで育ちました。器用だった母は布で人形を作り、その洋服もたくさん作ってくれたので、着せ替えをして楽しく遊んだものでした。おやつは小麦粉に砂糖を入れてフライパンで焼く「じいじい焼き（焼く時にジイジイ音がするからそう名付けていました）」や残りご飯を揚げた「ご飯の天ぷら」、ふかし芋などでした。その当時はこのようなおやつが楽しみの一つで母と話をしながら、おやつのでき上がるのを待っていたものでした。

小学校に入ると、自分で紙人形を作り、洋服を書いた手作りの着せ替え人形で遊びました。テレビが我が家にやってきたのは小学校に入学した頃で、近所では早い方でした。この当時、テレビのある家に子どもたちが集まり見せてもらうのが日常であり、夕食の時間帯に子ども向け番組が組まれていたので、近所に迷惑をかけると思った両親は苦労してテレビを購入したのだと思います。

その時代の子どもたちは常に子どもと群れて生き生きとしていたように思います。物がないから選ぶ必要もなく、人と比べる必要もありませんでした。近所には空地がいたるところにあり、そこが子どもたちの遊び場でした。

昭和30年代に入ると、日本も戦争から立ち直り復興が進むなか、空地には家が建てられるようになり、私有の土地には柵が張られ自由には入れなくなりました。公園ではボール投げ禁止などの規則があり、子どもたちは自由に遊ぶ場がなくなってきました。そんななかでの子どもの遊び場は車が入ってこられない小さな路地になりました。そこでは相撲、缶蹴りなど異年齢の子どもが群れて遊んでいました。学校では喧嘩も、今で言う「いじめ」もありましたが、子どもたちのなかでうまく統制されていたように思います。

私の障がい

私は先天性股関節脱臼という障がいを持っていましたので、小さい頃から病院を受診することが多く、幼い時からの体験を生かし看護師になり病いをもつ人々に寄り添いたいと思っていました。看護師の仕事は重労働であり、足に障がいがあるので不安はありましたが、14歳の時に手術を受け、その時の主治医に相談すると、「看護師になれるかどうかわからないが、自分を知るために勉強することはよいことだ」と背中を押してもらいました。

その後、看護の勉強をして、臨床の小児看護師を経て2年経過したところで、変形性股関節症が悪化し、もはや臨床看護師は無理との医師の判断があり、恩師の勧めで看護師を育てる看護教員となりました。

私の結婚生活

私は23歳で一つ年上の夫と結婚しました。当時、職場を変わったばかりでした。1年後、妊娠したのですが、8週で流産。この時の気持ちは仕事も忙しいなか、まだ生活も整っていないので育てるのは無理、むしろ赤ちゃんの方で生まれてくることを遠慮してくれたと思っていました。悲しいことではありましたが、そんな感情が強かったと思います。その後、妊娠の兆候はなく5年が経ちました。この頃夫婦は仕事の関係で別居する期間もあり、それぞれの仕事に夢中だったように思います。いよいよ子どもが欲しいと思った28歳の頃、不妊外来を受診し診断の結果、9歳の時の虫垂炎で腹膜炎を併発したことで、癒着により右の卵管が閉塞していることがわかり、妊娠ができないわけではないが、できにくいことがわかりました。

基礎体温を付け、妊娠を期待して過ごして3年、一向に妊娠しない私は焦りを感じていました。夫から「子どものいない生活を考えよう、このままでは2人とも変になる」と告げられ、今までの生活を振り返り、妊娠することに忙殺されていたことに気づきました。基礎体温の測定をやめ妊娠することを目標にしてきた生活を立て直し、自分らしく仕事や日々の生活を過ごして半年、待望の妊娠をしたのです。医師から「妊娠です、おめでとう」と告げられた時は、本当に嬉しく「やった」と思ったのも、つかの間、6週で出血し切迫流産の危険があるということで入院、絶対安静の日々を過ごすことになりました。15週まで何とか持ちこたえたのですが、結局流産してしまいました。15週での流産は出血も大量で、その後の数か月は貧血に悩まされました。32歳の時でした。

私の子育て支援

その後は妊娠に関しては自然に任せ、35歳になって自分の子どもに限らず、世界の子どもを自分の子どもと思って生きていこうと決断しました。子どもが好きで、職業の選択の時に保育士か小児科の看護師と決めて子どもに関わる仕事を選んだ私でしたが、結果は自分の子どもには恵まれませんでした。それこそ授からなかったのです。

自分の子どもを諦めてからは、施設の子どもを自宅に連れてきては一緒に過ごしたり、施設に抱っこボランティアに行ったり、海外の子どもの学費を援助する里親になったりと、子どもの利益になることには積極的に関わってきました。この関わりは、実の子どもを一人二人育てるよりも、「親とは何か」「子どもにとって親とはどのような存在か」「子どもの育みに必要なことは」など考えるチャンスとなり、私は、出会う子どもの発達や心のあり様をさぐりながら経験を重ねていきました。産めない自分を卑下したり、悩んだりしたこともありましたが、流産、不妊、この経験を生かして、自分に何ができるかと考え、子ども虐待防止活動や自分らしい方法での子育て支援に着手してきました。

今、不妊の夫婦は7組に1組といわれています。「産む・産まない」ではなく、自分の子どもに拘らず、目の前の子どもと向き合い、子どものことを大切に思い、どう関わっていくかを考えること、これが子育て支援には必要なことと活動をしています。

今の時代、40歳を過ぎてからの体外受精や出生前診断など妊娠・出産にまつわるリスクのことが社会問題になっています。それぞれの価値観がぶつかり合い、出口の見えない論争が後を絶ちません。

子どもに関わるすべての人々が、真剣に子どもと向き合って子どもを大切にする社会を築いていくことが、未来ある子どもたちを支えることになるのだと思います。自分では果たせなかった我が子を育てる子育てを、専門職として支援できることを幸せに思いながら、これからも自分にできる活動を担っていこうと考えています。

私のこれから

看護大学の教員を退職した後の生活について話します。

家の近くの子どものための商業施設（おもちゃ・子供服・リボンアート・子ども専用の理髪店が入っています）のなかに、子育て支援の場を計画しています。大型遊具を設備したプレイ・パークで天気に関係なく遊べる場です。今までの活動「おもちゃ広場」で培った子育て支援活動をさらに発展したいと思っています。

ここでも、子どもの「生きる力・感じる力・考える力・人と関わる力」を養うことを目的にしています。そのなかで家族の相談にも応じ、子育てが家族の幸せとなるために寄り添っていきたいと考えています。子どもは社会の未来であるので、明るく楽しい日々を提供できることを実現していきます。

プロフィール

花野 典子（はなの　のりこ）

宮崎県立看護大学名誉教授。1951年東京に生まれる。東京女子医科大学看護短期大学卒業。その後、小児科病棟勤務を経て看護の専任教員となる。子どもについて、さらに学びたいと日本女子大学児童学科に学び小学校教諭、幼稚園教諭の資格を取得。淑徳大学大学院修士課程修了。東京・千葉の看護専門学校、短期大学看護学科の教員を経て、1998年宮崎県立看護大学　家族看護学（小児）教授となり、2015年3月退職。退職後は独自の子育て支援活動を展開中。

子どもの育ちを支える

～子育てが家族の幸せとなるために

2015年6月15日　初版発行

著　者　花野典子

発行者　大塚智孝

発行所　株式会社エイデル研究所

〒102-0073 東京都千代田区九段北 4-1-9

TEL.03-3234-4641　FAX.03-3234-4644

編　　集　長谷吉洋

デザイン　遠藤康正（OMIJIKA）

イラスト　川西ありさ

印刷・製本　中央精版印刷株式会社

ＩＳＢＮ　978-4-87168-563-4